conversation exchange

ISBN 978-7-107
7-10717134-8

~~Kua~~ Kuaile Hanyu

总 策 划：许　琳

总 监 制：马箭飞　王君校

监　　制：孙文正　张彤辉　王锦红　韩　晖

主　　编：吴中伟

编　　者：吴中伟　高顺全　吴金利　吴叔平

改　　编：吴中伟

顾　　问：陶黎铭　陈光磊

翻　　译：徐　蔚　Yvonne L.Walls　Jan W. Walls

译文审订：Jerry Schmidt

Contemporary Chinese

For Beginners

Dāngdài Zhōngwén

当代中文

吴中伟 主编

Kèběn
课本
Textbook

华语教学出版社
SINOLINGUA

First Edition 2010

ISBN 978-7-80200-690-4

Published by Sinolingua
24 Baiwanzhuang Road, Beijing 100037, China
Tel: (86)10-68320585
Fax: (86)10-68326333
http://www.sinolingua.com.cn
E-mail: hyjx@sinolingua.com.cn
Printed by Beijing Foreign Languages Printing House

Printed in the People's Republic of China

To the Learner

Welcome to *Contemporary Chinese*!

Contemporary Chinese is a textbook designed for students whose native language is English. The ultimate goal of this book is to develop the student's ability to comprehend and communicate in the Chinese language. Specifically, it provides training in the skills of listening, speaking, reading and writing Chinese.

The whole series consists of a textbook, an exercise book, a character book and audio and video materials.

This series has the following features:

- is concise, practical, and has real life applications
- is adaptable to the varied needs of different students
- gives equal attention to listening, speaking, reading, and writing
- guides your learning step by step

After working through the series, you will have a good command of 758 Chinese words and expressions as well as 49 grammar items, and thus will have a basic command of Chinese.

Learning Chinese is easy!

Let's start!

Greetings and Polite Expressions

你好！	Nǐ hǎo!	Hello!
你好！	Nǐ hǎo!	Hello!

谢谢！	Xièxie!	Thank you!
不客气。	Bú kèqi.	You are welcome.

对不起！	Duìbuqǐ!	I'm sorry. / Excuse me.
没关系。	Méi guānxi.	That's all right.

再见！	Zàijiàn!	Goodbye!
再见！	Zàijiàn!	Goodbye!

Mùlù 目录 Contents

People in the Text

There is a famous university named Lincoln University, in a beautiful city on the west coast of North America. Young people from different countries study here.

Bái Xiǎohóng
白小红
female, Chinese

Wáng Yīng
王 英 female, Chinese -Canadian

Jiāng Shān
江山
male, American

Mǎ Lì
马力
male, Australian

There are several friends who work in companies; and one more, currently in the U.K. They soon got to know a group of Chinese friends:

Dīng Hànshēng
丁汉生 male, Chinese, who was sent to work here by a Chinese company.

Jiékè
杰克 Jack, male, Canadian, who is an employee of an export company and often goes to China on business.

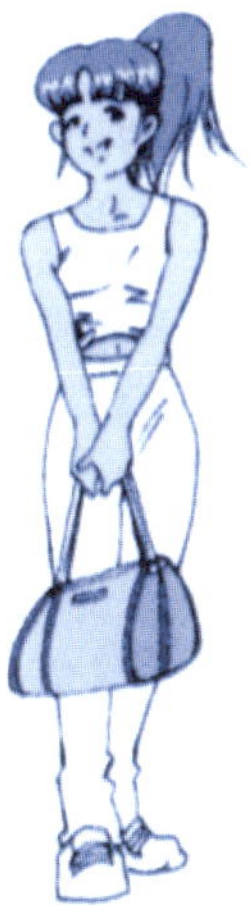

Zhāng Yuányuan
张园园 female, English of Chinese origin, Jiang Shan's girl friend, a student at the Eastern College in England.

Lǐqí
里 奇
American male.

They have a Chinese teacher who always pretends not to know English when in the class:

Zhāng Lín
张林
male, Chinese, over forty.

Tiánzhōng
田中 Japanese female.

Jīn Róngnán
金容南 South Korean female.

Gāo Yīfēi
高一飞 Chinese male, a university graduate student.

Xiǎo Zhāng
小张 Chinese female, a university undergraduate student, Liqi's girlfriend.

Lǐ Xiǎoyǔ
李小雨 Chinese female, an employee of a joint-venture company, Ma Li's colleague and language partner, later married to Ma Li.

Chén Jìng
陈静 Chinese female, Jack's language partner.

Chinese Grammar Terms

noun	(N.)	míngcí	名词
place word	(P.W.)	chùsuǒcí	处所词
time word	(T.W.)	shíjiāncí	时间词
location word	(L.W.)	fāngwèicí	方位词
pronoun	(Pron.)	dàicí	代词
question word	(Q.W.)	yíwèncí	疑问词
verb	(V.)	dòngcí	动词
directional verb	(D.V.)	qūxiàng dòngcí	趋向动词
modal verb	(M.V.)	néngyuàn dòngcí	能愿动词
adjective	(Adj.)	xíngróngcí	形容词
numeral	(Num.)	shùcí	数词
measure word	(M.W.)	liàngcí	量词
adverb	(Adv.)	fùcí	副词
preposition	(Prep.)	jiècí	介词
conjunction	(Conj.)	liáncí	连词
particle	(Part.)	zhùcí	助词
subject	(Subj.)	zhǔyǔ	主语
predicate	(Pred.)	wèiyǔ	谓语
object	(Obj.)	bīnyǔ	宾语
attributive	(Attrib.)	dìngyǔ	定语
complement	(Comple.)	bǔyǔ	补语
Adverbial	(Adverbial.)	zhuàngyǔ	状语

Classroom Speech

Shàng kè.	Class begins.
Xià kè.	Class is over.
Xiànzài xiūxi yíxià.	Now let's have a rest.
Xiànzài jìxù shàng kè.	Now let's continue.
Qǐng dǎkāi shū, fān dào dì-sān yè.	Open your books and turn to page 3, please.
Qǐng tīng lùyīn.	Listen to the recording, please.
Qǐng gēn wǒ dú.	Read after me, please.
Qǐng zài shuō yí biàn.	Say it again, please.
Zhè shì shénme yìsi?	What does this mean?
... (Hànyǔ) zěnme shuō?	How do you say... in Chinese?
... (Hànzì) zěnme xiě?	How do you write...?
Qǐng dú yíxià.	Read it, please.
Qǐng xiě yíxià.	Write it, please.
Qǐng fānyì yíxià.	Translate it, please.
Duì bu duì?	Is it right?
Duì.	Yes, it is. / It's right.
Bú duì.	No, it isn't. / It's not right.
Qǐng kàn hēibǎn.	Look at the blackboard, please.
Xiànzài tīngxiě.	Let's have a dictation now.
Xiànzài zuò liànxí.	Let's do exercises now.
Jīntiān de zuòyè shì ...	Today's homework is...

Dì-líng Kè Yǔyīn

第0课 语音

Lesson 0 Phonetics

0.1 语音概要 Yǔyīn Gàiyào Phonetics Introduction

音节结构 Yīnjié Jiégòu Structure of Syllables

In Chinese, a syllable is composed of an initial (shēngmǔ), a final (yùnmǔ) and a tone (shēngdiào).

Shēngdiào tone	
shēngmǔ initial	yùnmǔ final

e.g. mā

Here m is the initial (shēngmǔ) and a is the final (yùnmǔ), and above the final is the tone-mark.

A syllable may consist of a final and a tone only.

e.g. ā

声母 Shēngmǔ Initials

b	p	m	f	d	t	n	l
g	k	h	j	q	x		
zh	ch	sh	r	z	c	s	

韵母 Yùnmǔ **Finals**

	i	u	ü
a	ia	ua	
o		uo	
e	ie		üe
-i			
er			
ai		uai	
ei		uei (ui)	
ao	iao		
ou	iou (iu)		
an	ian	uan	üan
en	in	uen (un)	ün
ang	iang	uang	
eng	ing	ueng	
ong	iong		

声调 shēngdiào **Tones**

第一声	dì-yī shēng	the first tone	ˉ	55
第二声	dì-èr shēng	the second tone	ˊ	35
第三声	dì-sān shēng	the third tone	ˇ	214
第四声	dì-sì shēng	the fourth tone	ˋ	51

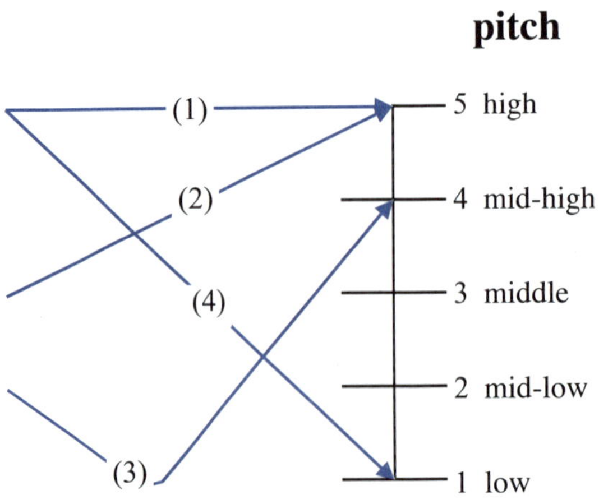

附 1　注音字母、拼音字母、国际音标对照表

Appendix I

Corresponding Phonetic Symbols

ZPA	CPA	IPA
ㄅ	b	[p]
ㄆ	p	[pʻ]
ㄇ	m	[m]
ㄈ	f	[f]
ㄪ	v	[v]
ㄉ	d	[t]
ㄊ	t	[tʻ]
ㄋ	n	[n]
ㄌ	l	[l]
ㄍ	g	[k]
ㄎ	k	[kʻ]
ㄫ	ng	[ŋ]
ㄏ	h	[x]
ㄐ	j	[tɕ]
ㄑ	q	[tɕʻ]
（ㄬ）		[ȵ]
ㄒ	x	[ɕ]
ㄓ	zh	[tʂ]
ㄔ	ch	[tʂʻ]
ㄕ	sh	[ʂ]
ㄖ	r	[ʐ]
ㄗ	z	[ts]
ㄘ	c	[tsʻ]
ㄙ	s	[s]
ㄭ	-i(前)	[ɿ]
ㄭ	-i（后）	[ʅ]
ㄧ	i	[i]
ㄨ	u	[u]
ㄩ	ü	[y]
ㄚ	a	[A]
ㄛ	o	[o]
ㄜ	e	[ɤ]
ㄝ	ê	[ɛ]
ㄦ	er	[ɚ]
ㄞ	ai	[ai]
ㄟ	ei	[ei]
ㄠ	ao	[ɑu]
ㄡ	ou	[ou]
ㄢ	an	[an]
ㄣ	en	[ən]
ㄤ	ang	[ɑŋ]
ㄥ	eng	[əŋ]
ㄧㄚ	ia	[iA]
ㄧㄝ	ie	[iɛ]
ㄧㄠ	iao	[iɑu]
ㄧㄡ	iou	[iou]
ㄧㄢ	ian	[iɛn]
ㄧㄣ	in	[in]
ㄧㄤ	iang	[iɑŋ]
ㄧㄥ	ing	[iŋ]
ㄨㄚ	ua	[uA]
ㄨㄛ	uo	[uo]
ㄨㄞ	uai	[uai]
ㄨㄟ	uei	[uei]
ㄨㄢ	uan	[uan]
ㄨㄣ	uen	[uən]
ㄨㄤ	uang	[uɑŋ]
ㄨㄥ	ueng	[uəŋ]
ㄨㄥ	ong	[uŋ]
ㄩㄝ	üe	[yɛ]
ㄩㄢ	üan	[yɛn]
ㄩㄣ	ün	[yn]
ㄩㄥ	iong	[yŋ]

0.2 语音 Yǔyīn Phonetics

声母和韵母 Shēngmǔ hé Yùnmǔ Initials and Finals

a	o	e	yi (= i)	wu (= u)	yu (= ü)
ba	bo		bi	bu	
pa	po		pi	pu	
ma	mo		mi	mu	
fa	fo			fu	
da		de	di	du	
ta		te	ti	tu	
na		ne	ni	nu	nü
la		le	li	lu	lü

Notes:

1. yi wu yu

When standing for syllables by themselves, the finals i, u, ü are written yi, wu, yu.

2. o e

What distinguishes o and e is that the former is pronounced with the lips rounded and the latter is pronounced with the lips in a neutral position. (see picture)

o

e

3. ü

Chinese ü is like French *u*, e.g. *sur* or German *ü*, e.g. *über*. It can be formed by rounding the lips as for [u:] (as in *too*, *food*) and then pronouncing [i:] (as in *eat*, *peak*)

i

ü

声调 Shēngdiào **Tones**

ˉ	第一声	dì-yī shēng	the first tone
ˊ	第二声	dì-èr shēng	the second tone
ˇ	第三声	dì-sān shēng	the third tone
ˋ	第四声	dì-sì shēng	the fourth tone

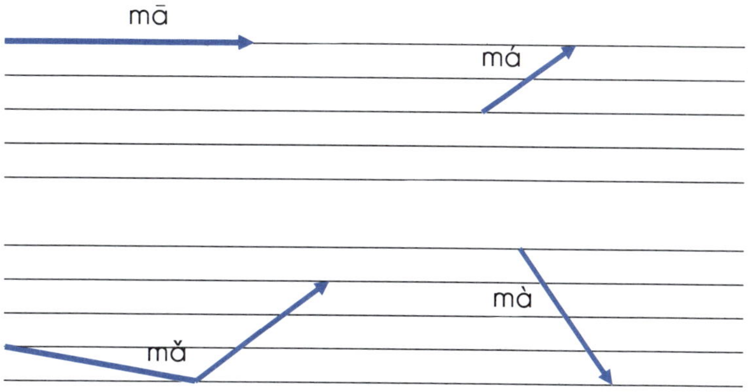

The tone refers to the pitch variation within a syllable.

Syllables of different tones often have different meanings, e.g.

mā mother　　　　má horse

mǎ hemp　　　　mà abuse,curse

0.3 语音 Yǔyīn **Phonetics**

声母和韵母 Shēngmǔ hé Yùnmǔ **Initials and Finals**

ai	ei	ao	ou	an	en	ang	eng	ong
gai	gei	gao	gou	gan	gen	gang	geng	gong
kai	kei	kao	kou	kan	ken	kang	keng	kong
hai	hei	hao	hou	han	hen	hang	heng	hong

Notes:

1. Chinese vowels are purer than English vowels. Therefore, The Chinese words ai [ai] (*to love*) and mai [mai] (*to buy*) do not sound exactly like the English words *I* [ai] and *my* [mai]. (Please listen to the tape.)

2. ai, ei, ao, ou

In the compound finals ai, ei, ao and ou, the first vowels [a], [e] and [o] are a bit prolonged and louder while the second vowels [i] and [u] are shorter and less distinct.

3. [n] and [ŋ]

The end of the finals an and en is [n] while the end of the finals ang, eng and ong is [ŋ].

4. Syllable-dividing mark ’

The mark ’ is used before syllables beginning with a, o, e when they might be joined incorrectly to syllables preceding them. Compare:

pí’ǎo (*fur-lined jacket,* two syllables)

piāo (*float*, one syllable)

轻声 Qīngshēng **Neutral Tone**

Some syllables are pronounced in a low and unstressed tone, known as the neutral tone (qīngshēng), which is shown by the absence of a tone mark, e.g.

nǐmen	you (plural form)
tāmen	they, them
bàba	father
māma	mother
tā de	his, her, its

0.4 语音 Yǔyīn **Phonetics**

声母和韵母 Shēngmǔ hé Yùnmǔ **Initials and Finals**

ya	ye	yao	you	yan	yin	yang	ying	yu	yue	yuan	yun	yong
(=ia	=ie	=iao	=iou	=ian	=in	=iang	=ing	=ü	=üe	=üan	=ün	=iong)
jia	jie	jiao	jiu	jian	jin	jiang	jing	ju	jue	juan	jun	jiong
			=jiou					=jü	=jüe	=jüan	=jün	
qia	qie	qiao	qiu	qian	qin	qiang	qing	qu	que	quan	qun	qiong
			=qiou					=qü	=qüe	=qüan	=qün	
xia	xie	xiao	xiu	xian	xin	xiang	xing	xu	xue	xuan	xun	xiong
			=xiou					=xü	=xüe	=xüan	=xün	

Notes:

1. ya ye yao you yan yin yang ying yu yue yuan yun yong

When standing for syllables by themselves, ia, ie, iao, iou, ian, in, iang, ing, ü, üe, üan, ün, iong are written ya, ye, yao, you, yan, yin, yang, ying, yu, yue, yuan, yun, yong.

2. iu

When preceded by an initial, iou is written iu, e.g. liu, jiu.

3. The omission of the two dots over ü

When the final ü and other finals beginning with ü are preceded by the initials j, q or x, the two dots over ü are omitted, e.g. qu, jun, xue. Therefore, the sound of the u in du, diu, jiu, etc. is quite different from the u in ju, jue, qun, etc.

4. ia ie üe

ia, ie, üe are produced by gliding quickly from i or ü to a [a] or e [ɛ]. i and ü are pronounced lightly while a [a] and e [ɛ] should be pronounced loudly and distinctly.

5. ie üe ian üan

The e and a in the ie, üe, ian, üan are pronounced [ɛ], different from the e [ə] in eng or the a [a] in ang.

6. j q x

Don't pronounce j [tç], q [tç'], x [ç] the same as [tʃ], [tʃ'], [ʃ]. (see the picture)

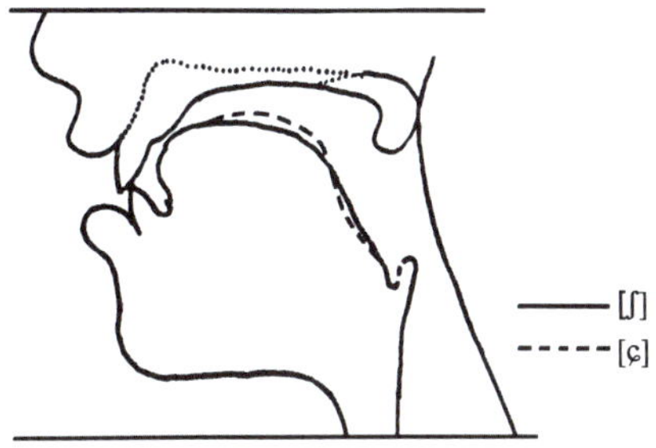

第三声的变调 dì-sān shēng de biàndiào 3th Tone Sandhi

The 3rd tone is seldom used in full except in independent syllables or when followed by a long pause.

When a 3rd tone is followed by another 3rd tone, the first one changes into a second tone. For example, nǐ hǎo, hěn xiǎo sound almost the same as ní hǎo, hén xiǎo.

When a 3rd tone is followed by 1st tone, 2nd tone or 4th tone, it retains the first falling part, but drops almost all of the rising part.

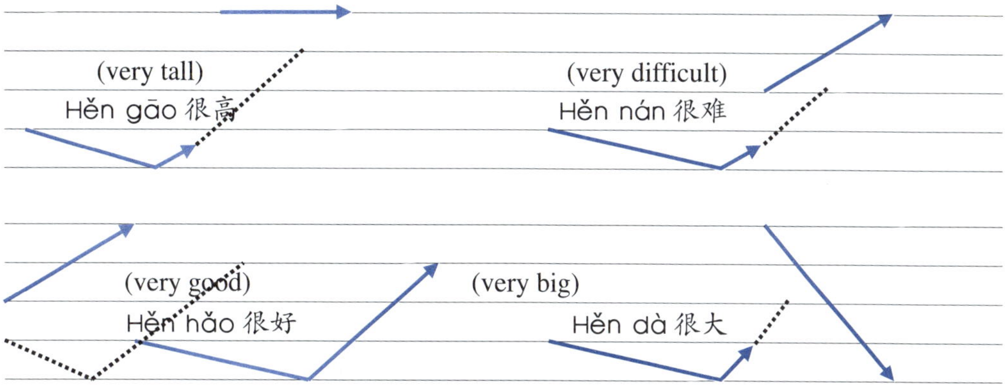

Compare:

hěn hǎo very good (hěn is pronounced in a rising tone, like the 2nd tone) hěn gāo very tall (hěn is pronounced in a low-falling tone)

0.5 语音 Yǔyīn Phonetics

声母和韵母 Shēngmǔ hé Yùnmǔ Initials and Finals

	wu (=u	wa =ua	wo =uo	wai =uai	wei =uei	wan =uan	wen =uen	wang =uang	weng =ueng)
zi	zu		zuo		zui =zuei	zuan	zun =zuen		
ci	cu		cuo		cui =cuei	cuan	cun =zuen		
si	su		suo		sui =suei	suan	sun =suen		

Notes:

1. wu wa wo wai wei wan wen wang

Standing as syllables by themselves, u, ua, uo, uai, uei, uan, uen and uang should be written wu, wa, wo, wai, wei, wan, wen and wang.

2. ui un

When preceded by an initial, uei and uen are written ui and un, e.g. zui, dun.

3. ua uo

In the syllables ua and uo, a [a] and o [o] are louder and more distinct than u.

4. z c

The initial z sounds like the *ds* in *reads* (but de-voiced), c sounds the same as *ts* in *boots*.

5. si zi ci

The final i in zi, ci and si is pronounced as [ɿ], not [i]. The vowel [i] never follows z, c and s in *Putonghua*.

0.6 语音 Yǔyīn Phonetics

声母和韵母 Shēngmǔ hé Yùnmǔ Initials and Finals

zhi chi shi ri

er

Notes:

zhi chi shi ri

The final in zhi, chi, shi and ri is pronounced [ʅ], not [i]. The vowel [i] never follows zh, ch, sh and r in *Putonghua*.

Zhi, chi, shi are pronounced almost the same way as zi, ci, si except that the tip of the tongue is raised towards the hard palate. (see the picture)

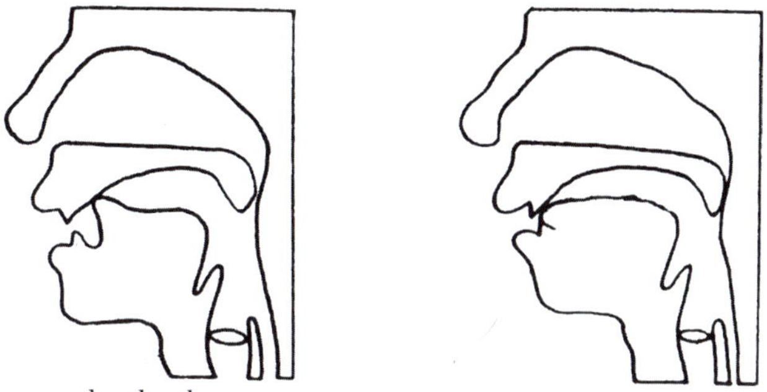

zh ch sh　　　　z c s

儿化韵 Érhuà Yùn **Retroflex Finals**

The final er is sometimes attached to another final to form a retroflex final and when thus used, it is no longer an independent syllable. A retroflex final is represented by the letter r added to the final. e.g.

zhèr here　　　nàr there　　　nǎr where

Cultural notes

Hànyǔ Pīnyīn (The Chinese Phonetic System) is used as the romanization system in this series. The "Chinese Phonetic System (Hànyǔ Pīnyīn Fāng'àn)" , abbreviated to "pīnyīn", was first promulgated in 1958 by the People's Republic of China and was confirmed as an international standard for pronunciation of Chinese language by the ISO in 1982. Though this system is not a writing system of Chinese, it can be used as a learning tool by beginners of Chinese both at home and abroad.

The Chinese language has a long history. The earliest written language, oracle bone inscriptions (Chinese characters carved on tortoise shells and ox bones) appeared more than three thousand years ago. These writings were already a quite complex system. And of course the Chinese language existed long before its writing system evolved. However, the name "Hànyǔ" referring to the Chinese language came about rather late. Prior to the Han Dynasty (206 B.C.- 220 A.D.), the Chinese called themselves "Huá" or "Xià" , while during the Han Dynasty, other nations referred to the Chinese as the "Han people." Hence the language of the Han nationality is best called "Hànyǔ".

Chinese is one of the major languages in the world. A branch of the Sino-Tibetan language family, it is the most important language in the family. Besides China mainland and Taiwan, Chinese is also used widely in Singapore, Malaysia and other countries and areas. It is one of the six official languages of the United Nations.

Hanyu, the Chinese language, in fact includes various dialect groups: The Mandarin dialects, Wú dialects, Gàn dialects, Xiāng dialects, Yuè dialects, Mǐn dialects and Hakka (Kèjiā) dialects. The standard Chinese has derived from the Northern Language over the past centuries. The standard pronunciation of the Chinese language is Beijing pronunciation. And the standard Chinese is called Putonghua on China's mainland, Guoyu (national language) in Taiwan Province and Huayu (Chinese language) in Singapore and Malaysia.

Dì-yī Kè　Nín Guìxìng

第一课　您贵姓

Lesson 1　What's Your Surname?

Nín shì Jiānádàrén ma?
● 您 是 加拿大人 吗?
Are you Canadian?

Nín shì bu shì Jiānádàrén?
● 您 是 不 是 加拿大人?
Are you Canadian?

Wǒ bú shì Lín lǎoshī.
● 我 不是 林 老师。
I am not Teacher Lin.

Nín shuō Yīngyǔ háishi shuō Fǎyǔ?
● 您 说 英语 还是 说 法语?
Do you speak English or French?

词语　Cíyǔ　Words and Phrases

1. 您	(Pron.)	nín	you (honorific form)
2. 好	(Adj.)	hǎo	good, well, fine
3. 贵姓		guìxìng	What's (your) surname?
姓	(V. & N.)	xìng	surname
4. 我	(Pron.)	wǒ	I, me
5. 呢	(Part.)	ne	
6. 是	(V.)	shì	be
7. 人	(N.)	rén	people, person

8.	吗	(Part.)	ma	
9.	不	(Adv.)	bù	no, not

* * * * *

10.	同学	(N.)	tóngxué	classmate
11.	们	(suffix)	men	
12.	老师	(N.)	lǎoshī	teacher
13.	叫	(V.)	jiào	call
14.	你	(Pron.)	nǐ	you
15.	什么	(Q.W.)	shénme	what
16.	名字	(N.)	míngzi	name
17.	哪国人		nǎ guó rén	what nationality
	哪	(Q.W.)	nǎ	which
	国		guó	country
18.	也	(Adv.)	yě	also, too
19.	说	(V.)	shuō	say, speak
20.	英语	(N.)	Yīngyǔ	English (language)
21.	还是	(Conj.)	háishi	or
22.	法语	(N.)	Fǎyǔ	French (language)
23.	都	(Adv.)	dōu	both, all
24.	只	(Adv.)	zhǐ	only
25.	汉语	(N.)	Hànyǔ	Chinese (language)

Supplementary Words

26.	他	(Pron.)	tā	he, him
27.	她	(Pron.)	tā	she, her

Proper Names

28.	加拿大	Jiānádà	Canada
29.	中国	Zhōngguó	China

30.	澳大利亚	Àodàlìyà	Australia
31.	美国	Měiguó	The United States

课文 Kèwén Text

1.

Bai Xiaohang, a girl from China, and Wang Ying, a Canadian girl of Chinese ancestry, study in the same university, This is their first meeting.

Bái Xiǎohóng: Nín hǎo!
白小红：您[1]好[2]！

Wáng Yīng: Nín hǎo!
王　英：您好！

Bái Xiǎohóng Nín guìxìng?
白小红：您贵姓[3]？

Wáng Yīng: Wǒ xìng Wáng. Nín ne?
王　英：我[4]姓王。您呢[5]？

Bái Xiǎohóng: Wǒ xìng Bái.
白小红：我姓白。

Wáng Yīng: Nín shì Jiānádàrén ma?
王　英：您是[6]加拿大[28]人[7]吗[8]？

Bái Xiǎohóng: Bù, wǒ bú shì Jiānádàrén, wǒ shì Zhōngguórén. Nín shì bu shì Jiānádàrén?
白小红：不[9]，我不是加拿大人，我是中国[29]人。您是不是加拿大人？

Wáng Yīng: Wǒ shì Jiānádàrén.
王　英：我是加拿大人。

Notes:

"我不是加拿大人"

不 is an adverb. In Chinese adverbs always precede verbs.

2.

Ma Li, Wang Ying and Jiang Shan just started to learn Chinese. Zhang Lin is their Chinese teacher.

Tóngxuémen: Lǎoshī hǎo!
同学[10]们[11]：老师[12]好！

Zhāng lǎoshī: Tóngxuémen hǎo!
张老师：同学们好！

Mǎ Lì: Nín shì bu shì Lín lǎoshī?
马　力：您是不是林老师？

Zhāng lǎoshī: Wǒ bú shì Lín lǎoshī, wǒ shì Zhāng lǎoshī. Wǒ xìng Zhāng, jiào Zhāng Lín. Nǐ jiào shénme míngzi?
张老师：我不是林老师，我是张老师。我姓张，叫[13]张林。你[14]叫什么[15]名字[16]？

Mǎ Lì: Wǒ jiào Mǎ Lì.
马　力：我叫马力。

Zhāng lǎoshī: Nǐ shì nǎ guó rén?
张老师：你是哪国人[17]？

Mǎ Lì: Wǒ shì Fǎguórén.
马　力：我是法国人。

Zhāng lǎoshī: Nǐ ne?
张老师：(to Jiang Shan) 你呢？

Jiāng Shān: Wǒ jiào Jiāng Shān, shì Měiguórén.
江　山：我叫江山，是美国人。

Zhāng lǎoshī: Nǐ yě shì Měiguórén ma?
张老师：(to Wang Ying) 你也[18]是美国人吗？

Wáng Yīng: Bù, wǒ bú shì Měiguórén. Wǒ shì Jiānádàrén.
王　英：不，我不是美国人。我是加拿大[30]人。

Zhāng lǎoshī: Nǐ shuō Yīngyǔ háishi shuō Fǎyǔ?
张老师：你说[19]英语[20]还是[21]说法语[22]？

Wáng Yīng: Wǒ shuō Yīngyǔ. Wǒmen dōu shuō Yīngyǔ. Zhāng lǎoshī, nín shuō bu shuō Yīngyǔ?
王　英：我说 英语。我们都 23 说 英语。张 老师，您说 不 说英语？

Zhāng lǎoshī: Wǒ bù shuō Yīngyǔ. Wǒ zhǐ shuō Hànyǔ.
张老师：我不说 英语。我只 24 说汉语 25。

Notes:

（一）“张老师”
Students address their teachers by “Surname + lǎoshī”.
（二）“你也是美国人吗”，“我们都说英语”，“我只说汉语”
Like 不，也 and 都 and 只 are also adverbs, and precede the verbs 是 and 说.

语音 Yǔyīn **Phonetics**

Tone Changes for 不

不 bù, is usually pronounced in the fourth tone. E.g.

bù + 1st tone	e.g. 不说汉语 bù shuō Hànyǔ not speak Chinese
bù + 2rd tone	e.g. 不白 bù bái not white
bù + 3rd tone	e.g. 不好 bù hǎo not good

But when put before another 4th tone syllable, 不 bù changes into the 2nd tone.

bú + 4th tone

e.g.

(1) 我不是中国人。 Wǒ bú shì Zhōngguórén. I am not Chinese.
(2) 我不姓王。 Wǒ bú xìng Wáng. My surname is not Wang.

语法 Yǔfǎ **Grammar**

Simple Sentence Pattern 1: Subject + Verb (+ Object)

Just like English, the Chinese simple sentence pattern is:

Subject + Verb (+ Object)

e.g.

the affirmative form	the negative form
我姓王。 Wǒ xìng Wáng.	我不姓王。 Wǒ bú xìng Wáng.
我说英语。 Wǒ shuō Yīngyǔ.	我不说英语。 Wǒ bù shuō Yīngyǔ.
我们都是中国人。 Wǒmen dōu shì Zhōngguórén.	我们都不是中国人。 Wǒmen dōu bú shì Zhōngguórén.

But unlike English, the Chinese adverb is always put before the verb, not after it.

Adverb + Verb

E.g.

他不是美国人。
Tā bú shì Měiguórén.

他也是美国人。
Tā yě shì Měiguórén.

他们都是美国人。
Tāmen dōu shì Měiguórén.

他只说汉语。
Tā zhǐ shuō Hànyǔ.

Question Patterns

In Chinese, word order in questions is the same as in statements. The most commonly used types of questions are as follows:

A. Questions with 吗 ma, which are yes-or-no questions.

a statement + 吗 ?

e.g.

(1) 你是中国人吗? Nǐ shì Zhōngguórén ma?
Are you a Chinese?

(2) 他也是中国人吗？ Tā yě shì Zhōngguórén ma ?
Is he a Chinese too?

(3) 你们都说汉语吗？ Nǐmen dōu shuō Hànyǔ ma?
Do you all speak Chinese?

B. Choice questions, which include two sub-types:

a. X 不 X …?

Here 不 bù is pronounced in neutral tone.

e.g.

(1) 您是不是中国人？ Nín shì bu shì Zhōngguórén?
Are you a Chinese?

(2) 他是不是中国人？ Tā shì bu shì Zhōngguórén?
Is he a Chinese?

(3) 你们说不说汉语？ Nǐmen shuō bu shuō Hànyǔ?
Do you speak Chinese?

or:

(4) 您是中国人不是（中国人）？
Nín shì Zhōngguórén bú shì (Zhōngguórén)?

(5) 你们说汉语不说（汉语）？
Nǐmen shuō Hànyǔ bù shuō (Hànyǔ)?

Note:

the X 不 bù X pattern means almost the same as the … 吗 ma pattern. But in the X 不 bù X pattern, the verb cannot be modified by such adverbs as 也，都 or 只 .

b. X 还是 Y？

e.g.

(1) 你是加拿大人还是美国人？
Nǐ shì Jiānádàrén háishi Měiguórén?
Are you Canadian or American?

(2) 你说英语还是（说）法语？

Nǐ shuō Yīngyǔ háishi (shuō) Fǎyǔ?

Do you speak English or Fench?

C. Questions with a question word.

e.g.

(1) 你是哪国人？

Nǐ shì nǎ guó rén?

What's your nationality?

(2) 你姓什么？

Nǐ xìng shénme?

What's your surname?

(3) 你叫什么名字？

Nǐ jiào shénme míngzi?

What's your name?

D. Questions of shortened form ending with 呢 ne, meaning "how about/ what about…".

NP. + 呢？

e.g.

(1) A: 您是中国人吗？ Nín shì Zhōngguórén ma?
B: 我是中国人。你呢？ Wǒ shì Zhōngguórén. Nǐ ne?
A: 我是加拿大人。 Wǒ shì Jiānádàrén.

(2) A: 你叫什么名字？ Nǐ jiào shénme míngzi?
B: 我叫江山。你呢？ Wǒ jiào Jiāng shān. Nǐ ne?
A: 我叫白小红。 Wǒ jiào Bái Xiǎohóng.

(3) A: 你说英语还是说法语？ Nǐ shuō Yīngyǔ háishi shuō Fǎyǔ?
B: 我说英语。你呢？ Wǒ shuō Yīngyǔ. Nǐ ne?
A: 我也说英语。 Wǒ yě shuō Yīngyǔ.

Words for Reference

1.	中文	(N.)	Zhōngwén	Chinese language
2.	英文	(N.)	Yīngwén	English language
3.	法文	(N.)	Fǎwén	French language
4.	普通话		Pǔtōnghuà	Putonghua, Mandarin
5.	英国	(N.)	Yīngguó	United Kingdom
6.	俄罗斯	(N.)	Éluósī	Russia
7.	法国	(N.)	Fǎguó	France
8.	德国	(N.)	Déguó	Germany
9.	日本	(N.)	Rìběn	Japan
10.	韩国	(N.)	Hánguó	South Korea
11.	华裔	(N.)	huáyì	person of Chinese ancestry who is not a Chinese citizen

Cultural notes

A complete Chinese name consists of a surname (xìng) and a given name (míng), the former preceding the latter. Surnames are usually monosyllabic/one character, but a few surnames are disyllabic/two characters. Given names may be either monosyllabic or disyllabic.

姓名 xìngmíng Name	姓 xìng Surname	名 míng Given name
白小红 Bái Xiǎohóng	白 Bái	小红 Xiǎohóng
张林 Zhāng Lín	张 Zhāng	林 Lín

When asking someone's name, we say: "Nǐ jiào shénme míngzi?, (What is your name?)"; "Nín guì xìng?, (What is your honourable surname?)"; or "Nín zěnme chēnghu?, (How do I address you?)" The last two are more polite expressions.

当代中文

Dì-èr Kè Rènshi Nǐ hěn Gāoxìng

第二课 认识你很高兴

Lesson 2 Glad to Meet You

- Rènshi nǐ hěn gāoxìng!
  认识 你 很 高兴！
  Glad to meet you!

- Wǒ zài Línkěn Dàxué Dōngyàxuéxì xuéxí.
  我在林肯大学东亚学系学习。
  I study in the Dept.of East Asian Studies, Lincoln Univ.

- Dōngfāng Xuéyuàn zěnmeyàng?
  东方学院怎么样？
  What is Eastern College like?

- Dōngfāng Xuéyuàn hěn dà, yě hěn piàoliang.
  东方学院很大，也很漂亮。
  Eastern College is big, and is also beautiful.

词语 Cíyǔ Words and Phrases

1.	认识	(V.)	rènshi	know
2.	很	(Adv.)	hěn	very
3.	高兴	(Adj.)	gāoxìng	glad
4.	在	(Prep. & V.)	zài	(be) in, at
5.	进出口		jìnchūkǒu	import and export
	进口	(V.)	jìnkǒu	import
	出口	(V.)	chūkǒu	export
6.	公司	(N.)	gōngsī	company

7.	工作	(V. & N.)	gōngzuò	work, job
8.	大学	(N.)	dàxué	university
9.	系	(N.)	xì	department (of a university)
10.	学习	(V.)	xuéxí	study, learn
11.	可以	(Op.V.)	kěyǐ	may, can
12.	给	(Prep.)	gěi	to, for
13.	打电话		dǎ diànhuà	make a telephone call
	电话	(N.)	diànhuà	telephone
	给……打电话		gěi...dǎ diànhuà	to call sb.
14.	的	(Part.)	de	
	我的		wǒ de	my, mine
	我们的		wǒmen de	our, ours
15.	号码	(N.)	hàomǎ	number
16.	〇 (零)	(Num.)	líng	zero
17.	发	(V.)	fā	send
18.	电子邮件		diànzǐ yóujiàn	e-mail
	电子	(N.)	diànzǐ	electronic
	邮件	(N.)	yóujiàn	mail

* * * * *

19.	这	(Pron.)	zhè	this
20.	女	(Adj.)	nǚ	female
21.	朋友	(N.)	péngyou	friend
22.	请	(V.)	qǐng	please
23.	进	(V.)	jìn	enter
24.	坐	(V.)	zuò	sit
25.	谢谢	(V.)	xièxie	thank
26.	喝	(V.)	hē	drink
27.	茶	(N.)	chá	tea
28.	哪儿 (哪里)	(Q.W.)	nǎr (nǎli)	where
29.	学院	(N.)	xuéyuàn	college
30.	怎么样	(Q.W.)	zěnmeyàng	how
31.	大	(Adj.)	dà	big
32.	漂亮	(Adj.)	piàoliang	beautiful
33.	喜欢	(V.)	xǐhuan	like

当代中文

Supplementary Words

34.	那	(Pron.)	nà	that
35.	男	(Adj.)	nán	male
36.	小	(Adj.)	xiǎo	small, little

Proper Names

37.	林肯大学	Línkěn Dàxué	Lincoln University
38.	东亚学系	Dōngyàxuéxì	Dept. of East Asian Studies
39.	英国	Yīngguó	United Kingdom
40.	东方学院	Dōngfāng Xuéyuàn	Eastern College

课文 Kèwén Text

1.

Jack, an employee in a company. One day he meets Bai Xiaohong on a plane.

Jiékè: Nǐ hǎo! Wǒ jiào Jiékè.
杰　克：你好！我叫杰克。

Bái Xiǎohóng: Nǐ hǎo! Wǒ jiào Bái Xiǎohóng.
白小红：你好！我叫白小红。

Jiékè: Rènshi nǐ hěn gāoxìng!
杰　克：认识[1]你很[2]高兴[3]！

Bái Xiǎohóng: Rènshi nǐ wǒ yě hěn gāoxìng!
白小红：认识你我也很高兴！

Jiékè: Wǒ zài jìnchūkǒu gōngsī gōngzuò, nǐ ne?
杰　克：我在[4]进出口[5]公司[6]工作[7]，你呢？

Bái Xiǎohóng: Wǒ zài Línkěn Dàxué Dōngyàxuéxì xuéxí.
白小红：我在林肯大学[37]东亚学[38]系[9]学习[10]。

Jiékè: Kěyǐ gěi nǐ dǎ diànhuà ma?
杰　克：可以[11]给[12]你打电话[13]吗？

Bái Xiǎohóng: Kěyǐ. Wǒ de diànhuà hàomǎ shì èr yāo wǔ qī líng jiǔ bā bā.
白小红：可以。我的[14]电话号码[15]是2 1 5 70[16]9 8 8。

Jiékè: Kě (yǐ) bu kěyǐ gěi nǐ fā diànzǐ yóujiàn?
杰　克：可（以）不可以给你发[17]电子邮件[18]？

Bái Xiǎohóng: Kěyǐ, nǐ yě kěyǐ gěi wǒ fā diànzǐ yóujiàn.
白小红：可以，你也可以给我发电子邮件。

Notes:

（一）"我在进出口公司工作"

In this sentence 在 is a preposition. Prepositional phrases are usually placed before the verb.

（二）"我在林肯大学东亚学系学习"

In Chinese expressions of place, bigger places come before smaller ones, just the opposite of English.

the biggest → the smallest

中国	上海	复旦	大学
Zhōngguó	Shànghǎi	Fùdàn	Dàxué

Fudan Univ., Shanghai, China

（三）"我的电话号码是5178098"

To read a telephone number in Chinese, just say the numbers. 一 can be read as "yāo".

2.

Jiang Shan, and his girlfriend Zhang Yuanyuan are invited to Ding Hansheng's family.

Jiāng Shān: Zhè shì wǒ de nǚ péngyou, Zhāng Yuányuan.
江　山：这[19]是我的女[20]朋友[21]，张园园。

Dīng Hànshēng: Nǐ hǎo! Qǐng jìn!
丁汉生：你好！请[22]进[23]！

Zhāng Yuányuan: Hǎo, hǎo.
张园园：好，好。

Dīng Hànshēng: Qǐng zuò!
丁汉生：请坐[24]。

Jiāng Shān: Xièxie!
江　山：谢谢[25]。

Dīng Hànshēng: Qǐng hē chá!
丁汉生：请喝[26]茶[27]。

Zhāng Yuányuan: Hǎo, xièxie!
张园园：好，谢谢！

Dīng Hànshēng: Nǐ zài nǎr xuéxí?
丁汉生：你在哪儿[28]学习？

Zhāng Yuányuan: Wǒ zài Yīngguó Dōngfāng Xuéyuàn Dōngyàxuéxì xuéxí.
张园园：我在英国[38]东方[39]学院[29]东亚学系学习。

Dīng Hànshēng: Ò. Dōngfāng Xuéyuàn zěnmeyàng?
丁汉生：哦。东方学院[40]怎么样[30]？

Zhāng Yuányuan: Hěn hǎo. Hěn dà, yě hěn piàoliang. Wǒ hěn xǐhuan.
张园园：很好。很大[31]，也很漂亮[32]。我很喜欢[33]。

Note:

"很好。很大，也很漂亮。我很喜欢"

This means "Eastern College is very nice. Eastern College is very big and beautiful. I like it." The subject of the first two sentences and the object of the third sentence have been omitted. This kind of ellipsis is common in Chinese.

语音 Yǔyīn Phonetics

Word Stress

In Chinese most words are disyllabic, but there are some words that are monosyllabic or polysyllabic. The last syllable in monosyllabic and polysyllabic words is usually stressed except when it is in the neutral tone. Therefore, the basic patterns are (1) stressed-unstressed and (2) stressed final syllable.

(1) stressed-unstressed pattern

e.g. 名字 míngzi 朋友 péngyou 喜欢 xǐhuan 漂亮 piàoliang

(2) stressed final syllable

e.g. 工作 gōngzuò 电话 diànhuà 汉语 Hànyǔ 老师 lǎoshī

语法 Yǔfǎ Grammar

Simple Sentence Pattern 2 : Subject + Adjective

In Chinese adjectives are similar to verbs in function, so they can be used directly as predicates without the copulative verb "to be."

Subject + Adjective

e.g.

(1) 我很高兴。

Wǒ hěn gāoxìng.

(2) 我们的大学很大，也很漂亮。

Wǒmen de dàxué hěn dà, yěhěn piàoliang.

(3) 我的工作不好。

Wǒ de gōngzuò bù hǎo.

Note: here 是 shì cannot precede a predicate adjective. e.g.

A: 你的大学怎么样？ Nǐ de dàxué zěnmeyàng?

B: 我的大学很大。 Wǒ de dàxué hěn dà.

很 and other adverbs always precede the predicate adjective in a statement. Here 很 is neutral in tone and does not necessarily indicate degree. If the adjective predicate is a single word, it indicates comparison. e.g.

(1) 我们的大学大，他们的大学小。

Wǒmen de dàxué dà, tāmen de dàxué xiǎo.

(2) 我的工作好，他的工作不好。

Wǒ de gōngzuò hǎo, tā de gōngzuò bù hǎo.

Words for Reference

1.	中学	(N.)	zhōngxué	middle school
2.	小学	(N.)	xiǎoxué	elementary school
3.	电脑	(N.)	diànnǎo	computer
4.	饮料	(N.)	yǐnliào	beverage
5.	水	(N.)	shuǐ	water
6.	橙汁	(N.)	chéngzhī	orange juice
7.	可口可乐	(N.)	kěkǒukělè	Coca-Cola
8.	咖啡	(N.)	kāfēi	coffee
9.	亚洲	(N.)	Yàzhōu	Asia
10.	欧洲	(N.)	Ōuzhōu	Europe
11.	美洲	(N.)	Měizhōu	America
12.	大洋洲	(N.)	Dàyángzhōu	Oceania
13.	非洲	(N.)	Fēizhōu	Africa
14.	西方	(N.)	Xīfāng	the West

Cultural notes

Visitors to Chinese homes are automatically served hot tea under normal circumstances. Naturally, other beverages such as coffee, soda pop, fruit juice, or mineral water may be served depending on the visitors' preferences, and depending on the season of the year. Alcoholic drinks, such as beer or wine, are usually served only with meals. Tap water (zìláishuǐ) is boiled (kāishuǐ) before it is served.

Dì-sān Kè　Nǐ Jiā Yǒu Jǐ Kǒu Rén

第三课　你家有几口人

Lesson 3　How Many People Are There in Your Family?

- Nǐ jiā yǒu jǐ kǒu rén?
  你家有几口人?
  How many people are there in your family?
- Nǐmen xuéxiào yǒu duōshao xuésheng?
  你们学校有多少学生?
  How many students are there in your university/school?
- Wǒ xiǎng, dàgài yǒu sānwàn gè.
  我想，大概有三万个。
  There are about 30 thousand, I think.
- Lǎobǎn ràng wǒ qù nàr gōngzuò.
  老板让我去那儿工作。
  The boss wants me to go there to work.

词语　Cíyǔ　Words and Phrases

1.	地方	(N.)	dìfang	place
2.	个	(M.W.)	gè	
3.	这儿(这里)	(Pron.)	zhèr (zhèli)	here
4.	家	(N. & M.W.)	jiā	family, home
5.	有	(V.)	yǒu	have, there be
6.	几	(Q.W.)	jǐ	how many
7.	口	(M.W.)	kǒu	(a measure word for people when talking about family)
8.	爸爸	(N.)	bàba	father

9.	妈妈	(N.)	māma	mother
10.	和	(Conj.)	hé	and
11.	太太	(N.)	tàitai	wife, Mrs., madame
12.	孩子	(N.)	háizi	child
	男孩儿		nánháir	boy
	女孩儿		nǚháir	girl
13.	多大		duō dà	how old
14.	两	(Num.)	liǎng	two
15.	岁	(M.W.)	suì	... year(s) old
16.	可爱	(Adj.)	kě'ài	lovely, cute
17.	吧	(Part.)	ba	

* * * * *

18.	学校	(N.)	xuéxiào	school, educational institution
19.	多少	(Q.W.)	duōshao	how many, how much
20.	学生	(N.)	xuésheng	student
21.	想	(V.&Op.V.)	xiǎng	think, want to (do sth.)
22.	大概	(Adv.)	dàgài	maybe, about
23.	万	(Num.)	wàn	ten thousand
24.	没有	(V.)	méiyǒu	not have
25.	多	(Adj.)	duō	many, much
26.	千	(Num.)	qiān	thousand
27.	去	(V.)	qù	go
28.	为什么		wèi shénme	why
	为	(Prep.)	wèi	for
29.	分公司		fēngōngsī	branch of a company
30.	老板	(N.)	lǎobǎn	boss
31.	让	(V.)	ràng	let
32.	那儿(那里)	(Pron.)	nàr (nàli)	there

Supplementary Words

33.	百	(Num.)	bǎi	hundred
34.	少	(Adj.)	shǎo	few, little
35.	因为	(Conj.)	yīnwèi	because

Proper Names

36.	广东	Guǎngdōng	Guangdong

课文 Kèwén Text

1.

Bai Xiaohong and Ding Hansheng have just met each other. By chance, both of them come from Guangdong Province of China.

Bái Xiǎohóng: Nǐ shì shénme dìfang rén?
白小红：你是什么地方[1]人？

Dīng Hànshēng: Wǒ shì Guǎngdōngrén, nǐ ne?
丁汉生：我是广东人，你呢？

Bái Xiǎohóng: Wǒ yě shì Guǎngdōngrén.
白小红：我也是广东人。

Dīng Hànshēng: Nǐ yí gè rén zài zhèr?
丁汉生：你一个[2]人在这儿[3]？

Bái Xiǎohóng: Yí gè rén. Nǐ ne?
白小红：一个人。你呢？

Dīng Hànshēng: Wǒ yì jiā rén dōu zài zhèr.
丁汉生：我一家[4]人都在这儿。

Bái Xiǎohóng: Nǐ jiā yǒu jǐ kǒu rén?
白小红：你家有[5]几[6]口[7]人？

Dīng Hànshēng: Wǔ kǒu. Wǒ bàba、māma、wǒ hé wǒ tàitai, yí gè nǚ'ér.
丁汉生：五口。我爸爸[8]、妈妈[9]，我和[10]我太太[11]，一个女儿[12]。

Bái Xiǎohóng: Háizi duō dà?
白小红：孩子多大[13]？

Dīng Hànshēng: Liǎng suì.
丁汉生：两[14]岁[15]。

Bái Xiǎohóng: Hěn kě'ài ba?
白小红：很可爱[16]吧[17]？

Dīng Hànshēng: Shì a, hěn kě'ài.
丁汉生：是啊，很可爱。

Notes:

（一）"我一家人都在这儿"

here 一家人 yì jiā rén means the whole family.

（二）"你家有几口人"

When talking about family members 几个人 can be replaced by 几口人。

In Chinese 有 yǒu means have/has or there is/ there are. So we can say:

我有一个孩子。 I have a child.
我家有一个孩子。There is a child in my family.
我有很多学生。I have a lot of students.
我们学校有很多学生。There are a lot of students in our school.

（三）"你家"、"我爸爸、妈妈，我和我太太"

If a pronoun is followed by a noun indicating personal relationships or an entity composed of people, 的 is often omitted. Other examples:

我朋友	我爸爸	我妈妈	我太太
我家	我国	我们学校	我们公司

（四）"两岁"

This is the same as 孩子两岁 háizi liǎng suì. When one talks about age, no verb is needed in the sentence. 2 is usually read 两 liǎng before measure words.

（五）"很可爱吧"

吧 ba here implies supposition.

2.

Jack's company intends to send Jack to China, so he wants to learn Chinese at a university in his spare time.

Jiékè: Nǐmen xuéxiào yǒu duōshao xuésheng?
杰　克：你们学校[18]有多少[19]学生[20]？

Zhāng Lín: Wǒ xiǎng, dàgài yǒu sānwàn gè.
张　林：我想[21]，大概[22]有三万[23]个。

Jiékè: Yǒu méiyǒu rén xuéxí Hànyǔ?
杰　克：有没[24]有人学习汉语？

Zhāng Lín: Yǒu hěn duō rén xuéxí Hànyǔ.
张　林：有很多[25]人学习汉语。

Jiékè: Dàgài yǒu duōshao rén?
杰　克：大概有多少人？

Zhāng Lín: Dàgài yǒu yìqiān gè.
张　林：大概有一千[26]个。

Jiékè: Wǒ xiǎng qù nǐmen xuéxiào xuéxí Hànyǔ.
杰　克：我想去[27]你们学校学习汉语。

Zhāng Lín: Shì ma? Nǐ wèi shénme xiǎng xuéxí Hànyǔ?
张　林：是吗？你为什么[28]想学习汉语？

Jiékè: Wǒmen zài Zhōngguó yǒu yí gè fēngōngsī, lǎobǎn ràng wǒ qù nàr gōngzuò.
杰　克：我们在中国有一个分公司[29]，老板[30]让[31]我去那儿[32]工作。

第三课

Notes:

（一）“你们学校有多少学生”

Both 几 jǐ and 多少 duōshao are used to ask “how many”. 几 is used to ask about a small number. A measure word should be inserted between 几 and nouns; e.g. 几个人 jǐ gè rén. 多少 can be used to ask about any number. A measure word may be used but often omitted between 多少 and nouns; e. g., 多少人 duōshao rén.

（二）“有没有人学习汉语”

The negative of 有 is 没有, not 不有.

（三）“有很多人学习汉语”

多 by itself cannot precede nouns. It must be used together with 很.

（四）“我想，大概有三万个”、“你为什么想学习汉语”

In the first sentence 想 is used as an ordinary verb and means “think”. In the second sentence 想 means “wish to, hope to” and functions as a modal verb followed by another verb or a verbal phrase.

当代中文

语音 Yǔyīn Phonetics

Tone Changes of 一

一 yī, when used alone, is pronounced in the 1st tone. But when put before a 1st tone, 2nd tone or a 3rd tone syllable, it changes to the 4th tone.

yì + 1st tone / + 2nd tone / + 3rd tone

e.g. 一千 yì qiān 一人 yì rén 一百 yì bǎi

When used before a 4th tone syllable, it changes to the 2nd tone.

yí + 4th tone

e.g. 一岁 yí suì 一个 yí gè

语法 Yǔfǎ Grammar

Measure Words

A measure word should be inserted between a number and a noun. Different nouns are combined with different measure words. 个 gè is the most widely used measure word.

Num. + M.W. + N.

e.g.

一个人 yí gè rén 三百个学生 sān bǎi gè xuésheng
两个地方 liǎng gè dìfang 五个公司 wǔ gè gōngsī
六个大学 liù gè dàxué 五口人 wǔ kǒu rén

Numbers

0	1	2	3	4	5	6	7	8	9	10
O(零)	一	二	三	四	五	六	七	八	九	十
líng	yī	èr	sān	sì	wǔ	liù	qī	bā	jiǔ	shí

11	12	13		20
十一	十二	十三	....	二十
shíyī	shí'èr	shísān		èrshí

21	22	23		30
二十一	二十二	二十三	....	三十
èrshíyī	èrshí'èr	èrshísān		sānshí

....

40
四十
sìshí

....

100
一百
yìbǎi

101	102		110
一百零一	一百零二	....	一百一十
yìbǎi líng yī	yìbǎi líng èr		yìbǎi yīshí

111	112		120
一百一十一	一百一十二	....	一百二十
yìbǎi yīshíyī	yìbǎi yīshí'èr		yìbǎi èrshí

200
二百
èrbǎi

300
三百
sānbǎi

1000
一千
yìqiān

10000
一万
yíwàn

Note: 10,000 is not 十千 shí qiān but should be read 一万 yí wàn. 100,000 is 十万 shí wàn and 1,000,000 is 一百万 yì bǎi wàn.

Verbal Phrases in Series

In Chinese two or more verbal phrases can be used in a series within one sentence.

... VP1 + VP2 ...

There are two types of sentences of this sort. The first consists of two or more verbal phrases sharing the same subject. E.g.

我想去你们学校学习汉语。

Wǒ xiǎng qù nǐmen xuéxiào xuéxí Hànyǔ.

In the second sort the object of the first verbal phrase is the subject of the following verbal phrase. E.g.:

在我们学校，有很多人学习汉语。

Zài wǒmen xuéxiào yǒu hěn duō rén xuéxí Hànyǔ.

老板让我去中国工作。

Lǎobǎn ràng wǒ qù Zhōngguó gōngzuò.

Words for Reference

1.	先生	(N.)	xiānsheng	Mr., sir, husband
2.	哥哥	(N.)	gēge	elder brother
3.	姐姐	(N.)	jiějie	elder sister
4.	弟弟	(N.)	dìdi	younger brother
5.	妹妹	(N.)	mèimei	younger sister
6.	年纪	(N.)	niánjì	age
7.	亿	(Num.)	yì	a hundred million
8.	来	(V.)	lái	come
9.	因为	(Conj.)	yīnwèi	because
10.	职员	(N.)	zhíyuán	employee

Cultural notes

In China, a married woman keeps her maiden name. Usually the child or children will take the father's surname, but in some cases they may use the mother's. Thus if the father's surname is Mǎ, and the mother's surname is Wáng, a child's surname may be either Mǎ or (much less commonly) Wáng.

When talking about his own wife in the presence of others, the husband may call her "wǒ tàitai", "wǒ àiren" or "wǒ lǎopo". When a wife is talking to others about her husband, she may call him "wǒ xiānsheng" , "wǒ àiren" or "wǒ lǎogōng". When husband and wife address each other, they may call each other by their given names.

In order to control population growth, people in mainland China practice birth control. Generally, each family has only one child, and members of the older generation usually live with their children.

The following diagram shows the terms used for members of a Chinese family.

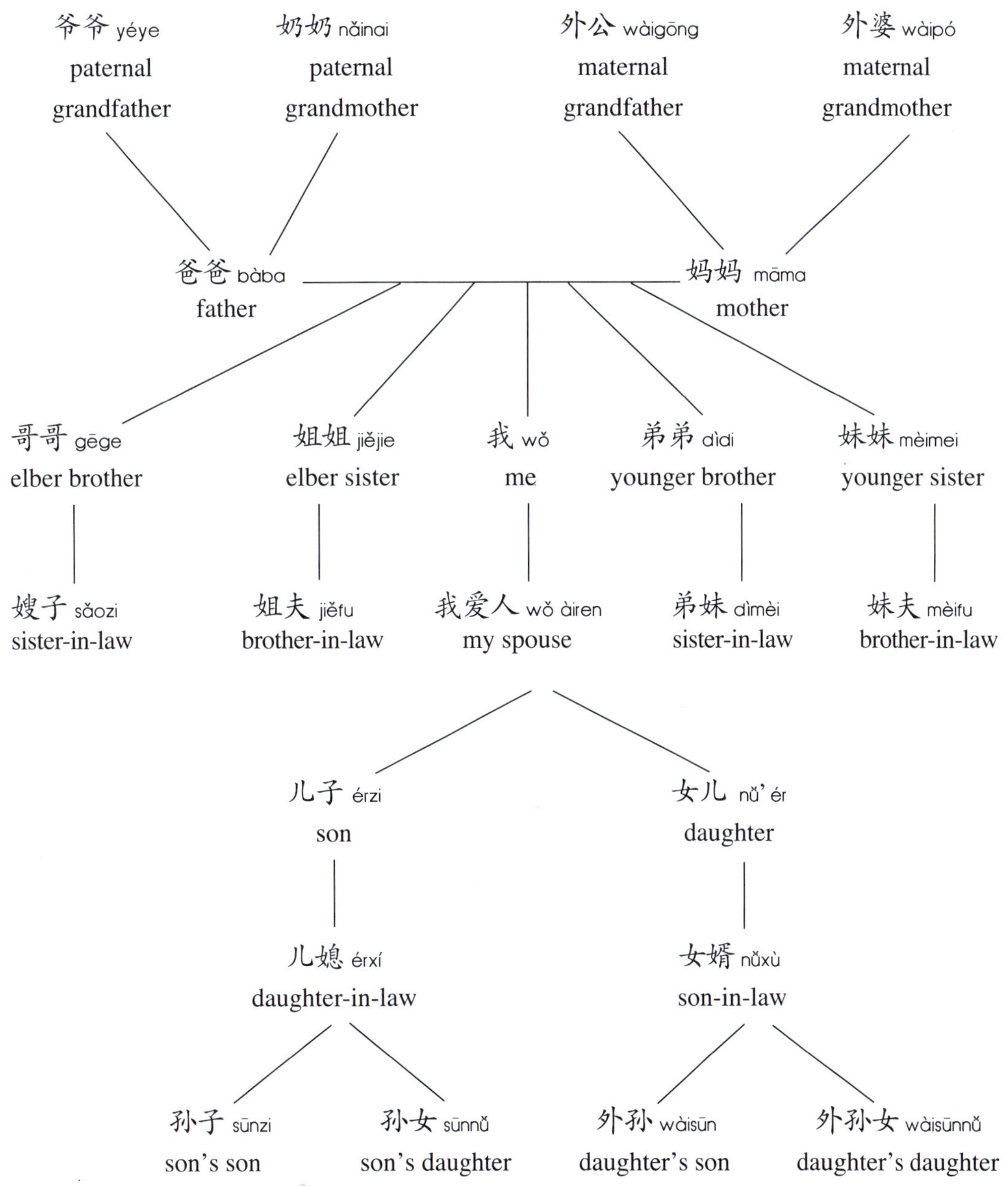

Dì-sì Kè　Zhè Zhāng Dìtú Shì Yīngwén de

第四课　这张地图是英文的

Lesson 4　This Map Is in English

- Wǒ kàn yíxià, xíng ma?
  我看一下，行吗？
  Can I have a look?

- Zhè zhāng dìtú shì Yīngwén de.
  这张地图是英文的。
  This map is in English.

- Zhè běn cídiǎn fēicháng hǎo, fēicháng yǒuyòng.
  这本词典非常好，非常有用。
  This dictionary is very good and very useful.

词语 Cíyǔ　Words and Phrases

1.	地图	(N.)	dìtú	map 张
2.	张	(M.W.)	zhāng	(a measure word for paper / map / ticket)
3.	中文	(N.)	Zhōngwén	Chinese language
4.	英文	(N.)	Yīngwén	English language
5.	看	(V.)	kàn	look
6.	一下		yíxià	
7.	行	(V.)	xíng	OK, all right
8.	要	(V. & Op.V.)	yào	want sth., want (to do sth.), be going to do sth.
9.	给	(V.)	gěi	give

10.	干	(V.)	gàn	do
11.	是的		shìde	yes
12.	玩儿	(V.)	wánr	play, do sth. for pleasure
13.	知道	(V.)	zhīdao	know
14.	比较	(Adv.)	bǐjiào	comparatively, fairly
15.	真	(Adv.)	zhēn	really
16.	有意思		yǒu yìsi	interesting
	意思	(N.)	yìsi	meaning
17.	龙	(N.)	lóng	dragon
18.	山	(N.)	shān	mountain, hill

* * * * *

19.	词典	(N.)	cídiǎn	dictionary 本
	汉英词典		Hàn-Yīng cídiǎn	Chinese-English dictionary
	英汉词典		Yīng-Hàn cídiǎn	English-Chinese dictionary
20.	本	(M.W.)	běn	(measure word for books)
21.	谁	(Q.W.)	shéi, shuí	who
22.	请问		qǐng wèn	Excuse me (used to begin a question)
	问	(V.)	wèn	ask
23.	对	(Adj.)	duì	correct, yes
24.	非常	(Adv.)	fēicháng	very, very much
25.	有用	(Adj.)	yǒuyòng	useful
26.	能	(Op.V.)	néng	can
27.	用	(V.)	yòng	use
28.	当然	(Adv.)	dāngrán	of course

Supplementary Words

29.	书	(N.)	shū	book 本
30.	本子	(N.)	běnzi	notebook
31.	笔	(N.)	bǐ	pen 支
32.	支	(M.W.)	zhī	(measure word for pen)
33.	教室	(N.)	jiàoshì	classroom
34.	上课		shàng kè	attend class

Proper Names

35.	北京	Běijīng	Beijing
36.	上海	Shànghǎi	Shanghai
37.	龙山	Lóngshān	Longshan

课文 Kèwén Text

1.

Jiang Shan wants to borrow a map of China from Bai Xiaohong.

Jiāng Shān: Nǐ yǒu méiyǒu Zhōngguó dìtú?
江　山：你有没有中国地图[1]？

Bái Xiǎohóng: Yǒu. Wǒ yǒu liǎng zhāng Zhōngguó dìtú. Yì zhāng Zhōngwén de, yì zhāng Yīngwén de.
白小红：有。我有两张[2]中国地图。一张中文[3]的，一张 英文[4]的。

Jiāng Shān: Wǒ kàn yíxià, xíng ma?
江　山：我看[5]一下[6]，行[7]吗？

Bái Xiǎohóng: Xíng. Nǐ yào Zhōngwén de háishi Yīngwén de?
白小红：行。你要[8]中文的还是 英文 的？

Jiāng Shān: Yīngwén de.
江　山： 英文 的。

Bái Xiǎohóng: Gěi. Zhè zhāng dìtú shì Yīngwén de.
白小红：给[9]。这张地图是 英文 的。

Jiāng Shān: Xièxie.
江　山：谢谢！

Bái Xiǎohóng: Nǐ kàn Zhōngguó dìtú gàn shénme? Nǐ xiǎng qù Zhōngguó ma?
白小红：你看中国地图干[10]什么？你想去 中国 吗？

Jiāng Shān: Shìde, wǒ xiǎng qù Zhōngguó wánr.
江　山：是的[11]，我想 去 中国 玩儿[12]。

Bái Xiǎohóng: Nà hǎo a! Nǐ kàn, zhè shì Běijīng.
白小红：那好啊！(unfolding the map) 你看，这是北京[35]。

Jiāng Shān: Wǒ zhīdao.
江　山：我知道[13]。

Bái Xiǎohóng: Zhè shì Shànghǎi.
白小红：这是上海[36]。

Jiāng Shān: Wǒ zhīdao.
江　山：我知道。

Bái Xiǎohóng: Zhè shì Lóngshān.
白小红：这是龙山[37]。

Jiāng Shān: Lóngshān? Bù zhīdao. Lóngshān dà bu dà?
江　山：龙山？不知道。龙山大不大？

Bái Xiǎohóng: Bǐjiào xiǎo. Wǒ jiā zài nàr.
白小红：比较[14]小。我家在那儿。

Jiāng Shān: Zhè ge míngzi zhēn yǒu yìsi! Nàr yǒu lóng ma?
江　山：这个名字真[15]有意思[16]！那儿有龙[17]吗？

Bái Xiǎohóng: Nàr méiyǒu lóng, zhǐ yǒu shān.
白小红：那儿没有龙，只有山[18]。

Notes:

(一) "一张中文的，一张英文的"

This means "一张中文的中国地图，一张英文的中国地图". The noun in "……的 +N." can be omitted sometimes, leaving the structure ……的, which functions as a noun。

(二) "我看一下，行吗"

"V. 一下" frequently indicates an instantaneous act or doing something once quickly. Here it is used to relax the tone in the sentence, expressing a suggestion or proposal. E.g.

请你看一下。/ 请让我想一下。

(三) "给"

给 gěi, give, meaning here you are.

(四) "这个名字真有意思"

真…… (truly/ really…) is used commonly in exclamations.

2.

Jiang Shan and Ma Li are in the classroom.

Mǎ Lì: Zhè shì shénme cídiǎn?
马　力：这是什么词典[19]？

Jiāng Shān: Hàn-Yīng cídiǎn.
江　山：汉英词典。

Mǎ Lì: Nà běn ne?
马　力：那本[20]呢？

Jiāng Shān: Yīng-Hàn cídiǎn.
江　山：英汉词典。

Mǎ Lì: Zhè liǎng běn cídiǎn dōu shì nǐ de ma?
马　力：这两本词典都是你的吗？

Jiāng Shān: Zhè běn Hàn-Yīng cídiǎn shì wǒ de, nà běn Yīng-Hàn cídiǎn bú shì wǒ de.
江　山：这本 汉英 词典是我的，那本 英汉 词典不是我的。

Mǎ Lì: Shì shuí de?
马　力：是谁[21]的？

Jiāng Shān: Bù zhīdao. Wǒ xiǎng, zhè dàgài shì lǎoshī de cídiǎn.
江　山：不知道。我想，这大概是老师的词典。

(At this moment the teacher Mr. Zhang enters the classroom.)

Mǎ Lì: Lǎoshī, qǐng wèn, zhè běn cídiǎn shì nín de ma?
马　力：老师，请问[22]，这 本词典是您的吗？

Zhāng lǎoshī: Duì, shì wǒ de.
张老师：对[23]，是我的。

Mǎ Lì: Zhè běn cídiǎn zěnmeyàng?
马　力：这本词典怎么样？

Zhāng lǎoshī: Zhè běn cídiǎn fēicháng hǎo, fēicháng yǒuyòng.
张老师：这本词典非常[24]好，非常有用[25]。

Mǎ Lì: Wǒ néng bu néng yòng yíxià?
马　力：我能[26]不能用[27]一下？

Zhāng lǎoshī: Dāngrán kěyǐ.
张老师：当然[28]可以。

Note:

"我能不能用一下？""当然可以"

The modal verb 能 néng here refers to permission, meaning 可以 kěyǐ. But when it indicates permission, 能 néng is usually used in questions and negative sentences.

语法 Yǔfǎ Grammar

Review

Measure Word

As we mentioned before , a measure word should be used between a numeral and a noun. E.g.

两本词典 liǎng běn cídiǎn

Num. + M.W. + N. : 这 zhè or 那 nà can be used before this construction to make it definite; a question is formed by using 哪 nǎ.

e.g.

这 / 那 / 哪 + Num. + MW + N.

你要哪两本词典？这两本还是那两本词典？
Nǐ yào nǎ liǎng běn cídiǎn? Zhè liǎng běn háishi nà liǎng běn cídiǎn?
我不要这两本词典，我要那两本词典。
Wǒ bú yào zhè liǎng běn cídiǎn, wǒ yào nà liǎng běn cídiàn.

The noun can be omitted. E.g.
我不要这两本，我要那两本。
Wǒ bú yào zhè liǎng běn, wǒ yào nà liǎng běn.

When the numeral is 一 , it is often omitted. E.g.
你喜欢哪本？这本还是那本？
Nǐ xǐhuan nǎ běn? Zhè běn háishi nà běn?
我喜欢这本，不喜欢那本。
Wǒ xǐhuan zhè běn, bù xǐhuan nà běn.

Simple Sentence Patterns

A. Subject + Verb (+ Object). e.g.:

我去。Wǒ qù.

我学习汉语。Wǒ xuéxí Hànyǔ.

我是江山的朋友。Wǒ shì Jiāng Shān de péngyou.

我有一张中国地图。Wǒ yǒu yì zhāng Zhōngguó dìtú.

我想去你们学校学习汉语。Wǒ xiǎng qù nǐmen xuéxiào xuéxí Hànyǔ.

The negative is formed by putting 不 in front of the verb.

我不去。Wǒ bú qù.

我不是江山的朋友。Wǒ bú shì Jiāng Shān de péngyou.

我不想去你们学校学习汉语。Wǒ bù xiǎng qù nǐmen xuéxiào xuéxí Hànyǔ.

But the negative form of 有 is 没有 . Note that 不有 is not acceptable in Chinese. e.g.:

我没有中国地图。Wǒ méiyǒu Zhōngguó dìtú.

Adverbials should be used before the verb.

我们都在中国学习汉语。Wǒmen dōu zài Zhōngguó xuéxí Hànyǔ.

B. Subject + Adjective (adjectives as verbs). e.g.:

她的工作不好。Tā de gōngzuò bù hǎo.

他们学校很大。Tāmen xuéxiào hěn dà.

那个地方非常小。Nàge dìfang fēicháng xiǎo.

这本词典很有用。Zhè běn cídiǎn hěn yǒuyòng.

Generally speaking, the verb 是 is not used before adjectives , but adverbs such as 不、很、非常、比较 etc. are often used to modify it.

Words for Reference

1.	课本	(N.)	kèběn	textbook
2.	电脑	(N.)	diànnǎo	computer
3.	录音机	(N.)	lùyīnjī	recorder
4.	录像机	(N.)	lùxiàngjī	VCR
5.	台	(M.W.)	tái	(measure word for computer, recorder, VCR, etc.)
6.	磁带	(N.)	cídài	tape

7.	录像带	(N.)	lùxiàngdài	video tape
8.	盘	(M.W.)	pán	
9.	光盘	(N.)	guāngpán	CD
10.	教师	(N.)	jiàoshī	teacher
11.	语言实验室		yǔyán shíyànshì	language lab
12.	黑板	(N.)	hēibǎn	blackboard

Cultural notes

China covers an area of 9,600,000 sq. km. The longest river in China is the Yangzi (Yangtze) River or Chángjiāng; the second longest is the Yellow River Huánghé. China has a population of about 1.3 billion, or about 22% of the world's population. China is a multi-ethnic country with 56 ethnic groups. The Han group makes up about 93% of the whole population.

According to ancient Chinese legend, dragons lóng are winged creatures with huge scaly bodies, feet and horns. They can walk, fly, and swim, and can also create clouds and rain. In China dragons are benevolent creatures and symbolize superhuman power and luck. Modern Chinese people call themselves the descendants of dragons. Drawings of dragons are common in China.

Dì-wǔ Kè　Néng bu Néng Shì yi Shì

第五课　能不能试一试

Lesson 5　May I Try Them On?

- Wǒ huì shuō yìdiǎnr Hànyǔ.
  我会说一点儿汉语。
  I can speak a little Chinese.

- Zhè jiàn bái chènshān duōshao qián?
  这件白衬衫多少钱？
  How much is this white shirt?

- Néng bu néng shì yi shì?
  能不能试一试？
  May I try them on?

- Nǐmen fàndiàn zuì hǎochī de cài shì shénme?
  你们饭店最好吃的菜是什么？
  What's the most delicious dish in your restaurant?

词语　Cíyǔ　Words and Phrases

1.	小姐	(N.)	xiǎojiě	Miss
2.	会	(M.V.)	huì	can, have the skill (to do sth.)
3.	一点儿		yìdiǎnr	a little
4.	先生	(N.)	xiānsheng	Mr., sir
5.	买	(V.)	mǎi	buy
6.	件	(M.W.)	jiàn	(measure word for coats)
7.	衬衫	(N.)	chènshān	shirt 件
8.	白	(Adj.)	bái	white

9.	钱	(N.)	qián	money
10.	块(元)	(M.W.)	kuài (yuán)	unit of Renminbi
11.	太	(Adv.)	tài	excessively, too, more than enough
	太……了!		tài ...le	
	不太……		bú tài ...	
12.	贵	(Adj.)	guì	expensive
13.	红	(Adj.)	hóng	red
14.	便宜	(Adj.)	piányi	cheap
15.	还	(Adv.)	hái	as well, in addition
16.	条	(M.W.)	tiáo	(measure word for trousers, skirts, roads, rivers, fish, etc.)
17.	裤子	(N.)	kùzi	trousers, pants [条]
18.	试	(V.)	shì	try
19.	那	(Conj.)	nà	In that case…; Well then…

* * * * *

20.	来	(N.)	lái	come
21.	饭店	(N.)	fàndiàn	restaurant
22.	最	(Adv.)	zuì	the most
23.	好吃	(Adj.)	hǎochī	delicious
24.	菜	(N.)	cài	dish
25.	糖醋鱼		tángcùyú	fish in sweet and sour sauce
	糖	(N.)	táng	sugar
	醋	(N.)	cù	vinegar
	鱼	(N.)	yú	fish [条]
26.	吃	(V.)	chī	eat
27.	辣	(Adj.)	là	peppery, hot
28.	酸辣汤		suānlàtāng	sour-and-hot soup
	酸	(Adj.)	suān	sour
	汤	(N.)	tāng	soup
29.	牛肉	(N.)	niúròu	beef
	牛	(N.)	niú	cattle, ox, cow
	肉	(N.)	ròu	meat
30.	红烧		hóngshāo	cook in soy-sause
31.	米饭	(N.)	mǐfàn	steamed rice
32.	水饺(饺子)	(N.)	shuǐjiǎo (jiǎozi)	Chinese ravioli
33.	瓶	(Spec.)	píng	bottle

34.	啤酒	(N.)	píjiǔ	beer
35.	等	(V.)	děng	wait

Supplementary Words

36.	东西	(N.)	dōngxi	thing
	买东西		mǎi dōngxi	(go) shopping
37.	商店	(N.)	shāngdiàn	shop
38.	卖	(V.)	mài	sell
39.	衣服	(N.)	yīfu	clothes 件

课文 Kèwén Text

1.

Jack is in China now. Today he goes to a shop to buy clothes. The salesperson, a young woman, greets him in English, but Jack responds in Chinese.

Jiékè: Nǐ hǎo!
杰　克：你好！

Xiǎojiě: Yō, nín huì shuō Hànyǔ?
小　姐[1]：哟，您会[2]说汉语？

Jiékè: Wǒ huì shuō yìdiǎnr.
杰　克：我会说一点儿[3]。

Xiǎojiě: Xiānsheng xiǎng mǎi shénme?
小　姐：先生[4]想买[5]什么？

Jiékè: Wǒ xiǎng mǎi yí jiàn chènshān. Zhè jiàn bái chènshān duōshao qián?
杰　克：我想买一件[6]衬衫[7]。这件白[8]衬衫多少钱[9]？

Xiǎojiě: Sìbǎi èrshíbā kuài.
小　姐：四百二十八块[10]。

Jiékè: Tài guì le! Nà jiàn hóng chènshān ne?
杰　克：太[11]贵[12]了！那件红[13]衬衫呢？

Xiǎojiě: Yìbǎi liùshíwǔ kuài. Bǐjiào piányi, yě bǐjiào piàoliang.
小　姐：一百六十五块。比较便宜[14]，也比较漂亮。

Jiékè: Hǎo, wǒ yào nà yí jiàn.
杰　克：好，我要那一件。

Xiǎojiě: Nín hái yào mǎi shénme?
小　姐：您还[15]要买什么？

Jiékè: Yì tiáo kùzi. Néng bu néng shì yi shì?
杰　克：一条[16]裤子[17]。能不能试[18]一试？

Xiǎojiě: Dāngrán kěyǐ.
小　姐：当然可以。

……

Xiǎojiě: Zěnmeyàng?
小　姐：怎么样？

Jiékè: Zhè tiáo tài dà.
杰　克：这条太大。

Xiǎojiě: Nà nín shìshi zhè tiáo ba, zhè tiáo bú tài dà.
小　姐：那[19]您试试这条吧，这条不太大。

Notes:

(一) 您会说汉语？

A tone of surprise is used here. In such cases 吗 ma is not added.

Both 能 néng and 会 huì can refer to ability. But unlike 能，会 implies "mastering a skill by means of study". e.g.:

我会用筷子。Wǒ huì yòng kuàizi.

我不会用电脑。Wǒ bú huì yòng diànnǎo.

(二) "太贵了"、"这条太大"、"这条不太大"

太……了 indicates a high degree. The stress is normally put on 太 as in 太贵了 tài guì le! 太便宜了 tài piányi le!. If the adjective is stressed, the last 了 may be omitted, indicating excess, as in "这件衣服太大（了），我不能穿 Zhè jiàn yīfu tài dà (le), wǒ bù néng chuān".

(三) "比较便宜，也比较漂亮"、"您还要买什么"

Chinese 和 he is not exactly the same as "and" in English. 和 is used in a very limited way. It is usually used to connect nouns or noun phrases as in "我和他 wǒ hé tā", "中国地图和美国地图 Zhōngguó dìtú hé Měiguó dìtú" but not to connect clauses. e.g.:

In the above sentence we can not use 和.

也 yě and 还 hái, etc. not only have their own meanings but also can be used to connect clauses. 也 implies similarity between the former and the latter. e.g.:

这件衬衫很便宜，也很漂亮。

Zhè jiàn chènshān hěn piányi, yě hěn piàoliang.

还 indicates supplement or addition. e.g.:

我要买一件衬衫，还要买一条裤子。

Wǒ yào mǎi yí jiàn chènshān, hái yào mǎi yì tiáo kùzi.

(四) "您试试这条吧"

In this case ……吧 expresses a suggestion or request. E.g.

让我去吧。 Ràng wǒ qù ba.

你去北京吧。 Nǐ qù Běijīng ba.

2.

Bai Xiaohong, Ding Hansheng, Jiang Shan, Ma Li, etc. are having dinner in a restaurant in Chinatown.

Xiǎojiě: Qǐng zuò. …… Qǐng hē chá.

小　姐：请坐。……请喝茶。

Mǎ Lì, Jiāng Shān, Bái Xiǎohóng, Dīng Hànshēng: Xièxie!

马力、江山、白小红、丁汉生：谢谢！

Xiǎojiě: Lái yìdiǎnr shénme?

小　姐：来[20]一点儿什么？

Mǎ Lì: Xiǎojiě, nǐmen fàndiàn zuì hǎochī de cài shì shénme?

马　力：小姐，你们饭店[21]最[22]好吃[23]的菜[24]是什么？

Xiǎojiě: Tángcùyú.

小　姐：糖醋鱼[25]。

Mǎ Lì: Hǎo, lái yí gè tángcùyú.

马　力：好，来一个糖醋鱼。

Jiāng Shān: Wǒ zuì xǐhuan chī là de. nǐ néng bu néng chī là de?

江　山：我最喜欢吃[26]辣[27]的，(to Bai Xiaohong) 你能不能吃辣的？

Bái Xiǎohóng: Wǒ néng chī yìdiǎnr.
白小红：我能吃一点儿。

Jiāng Shān: Lái ge suānlàtāng.
江　山：(to the waitress) 来个酸辣汤[28]。

Xiǎojiě: Hǎo. Yào bu yào lái ge niúròu?
小　姐：好。要不要来个牛肉[29]？

Dīng Hànshēng: Kěyǐ. Lái yí gè hóngshāoniúròu ba.
丁汉生：可以。来一个红烧[30]牛肉吧。

Xiǎojiě: Hái yào shénme?
小　姐：还要什么？

Bái Xiǎohóng: Mǐfàn.
白小红：米饭[31]。

Dīng Hànshēng: Shuǐjiǎo.
丁汉生：水饺[32]。

Mǎ Lì: Lái sān píng píjiǔ.
马　力：来三瓶[33]啤酒[34]。

Xiǎojiě: Hǎo, qǐng děng yíxià.
小　姐：好，请等[35]一下。

Notes:

（一）"来点儿什么"

来 in this case means "to cause to come", "to bring".

（二）"来一个糖醋鱼"、"要不要来个牛肉"

Here both 糖醋鱼 and 牛肉 refer to dishes, so the measure word should be 个.

（三）"来个酸辣汤"

This is the same as 来一个酸辣汤. 一 having been omitted.

当代中文

语音 Yǔyīn Phonetics

Lexical Tones and Sentence Intonation

Just as every Chinese syllable has its own tone, Chinese sentences have distinct tonal patterns. As in English, the rising tone is used in Yes-or-No questions in Chinese while the falling tone is used in statements. But if the last syllable of a yes-or-no question sentence is in the falling tone, or, if the last syllable of a statement is in the rising tone, what do we do? What do we use at the end of the sentence, the rising tone or the falling tone?

Actually the sentence tone is like a large wave with many smaller waves on its surface. The overall sentence tone does not change the tones of individual words completely. Otherwise their meaning would change. Listen to the tape:

(1) 这是汤。Zhè shì tāng。/ 这是汤? Zhè shì tāng ?

(2) 这是糖。Zhè shì táng。/ 这是糖? Zhè shì táng ?

语法 Yǔfǎ Grammar

The Reduplication of Verbs

Some verbs indicating actions and active thinking processes can be reduplicated. The reduplicated form of monosyllabic verbs is "A (一) A" such as 看(一)看 kàn (yi) kàn, 想(一)想 xiǎng (yi) xiǎng, 试(一)试 shì (yi) shì. The reduplicated form of disyllabic verbs is ABAB, e.g. 学习学习 xuéxi xuéxi, 认识认识 rènshi rènshi.

The reduplication of verbs indicates actions of short duration. It can also express an attempted action. In sentences expressing suggestions or proposals it can soften the tone of speech, as in the pattern V. + 一下 yíxia. e.g.:

我可以看(一)看你的中国地图吗?
Wǒ kěyǐ kàn (yi) kàn nǐ de Zhōngguó dìtú ma?

请等一下,让我想(一)想。
Qǐng děng yíxia, ràng wǒ xiǎng (yi) xiǎng.

我想跟你的同学们认识认识,可以吗?
Wǒ xiǎng gēn nǐ de tóngxuémen rènshi rènshi, kěyǐ ma?

Attributives

Elements which modify and limit nouns are known as attibutives. In Chinese attributives always precede the nouns.

Attributive + N.

我的 中国 地图 wǒ de Zhōngguó dìtú

那件 红 衬衫 nà jiàn hóng chènshān

我们饭店 最好吃的 菜 wǒmen fàndiàn zuì hǎochī de cài

If the attributive implies a possessive relation, 的 is often used as in 老师的词典 lǎoshī de cídiǎn, 饭店的名字 fàndiàn de míngzi. Sometimes 的 may be omitted as in 我妈妈 wǒ māma, 我同学 wǒ tóngxué, 我家 wǒ jiā, 你们学校 nǐmen xuéxiào, 我们饭店 wǒmen fàndiàn.

When a monosyllabic adjective is used as an attributive, 的 is often omitted as in 好人 hǎo rén, 大饭店 dà fàndiàn, 红衬衫 hóng chènshān. Otherwise 的 is often used as in 好吃的菜 hǎochī de cài, 漂亮的地方 piàoliang de dìfang. If the adjective is modified by an adverb, 的 should also be used, as in 非常好的人 fēicháng hǎo de rén, 比较大的饭店 bǐjiào dà de fàndiàn, 很红的衬衫 hěn hóng de chènshān.

Words for Reference

1.	穿	(V.)	chuān	wear, put on
2.	颜色	(N.)	yánsè	colour
3.	蓝	(Adj.)	lán	blue
4.	绿	(Adj.)	lǜ	green
5.	黄	(Adj.)	huáng	yellow, brown
6.	黑	(Adj.)	hēi	black
7.	人民币		rénmínbì	name of the Chinese currency
8.	角（毛）	(M.W.)	jiǎo (máo)	1 mao = 10 cents
9.	分	(M.W.)	fēn	cent
10.	鸡	(N.)	jī	chicken
11.	猪	(N.)	zhū	pig
12.	酒	(N.)	jiǔ	alcoholic drink
13.	甜	(Adj.)	tián	sweet
14.	咸	(Adj.)	xián	salty
15.	唐人街（中国城）		Tángrén jiē (Zhōngguó chéng)	Chinatown

Cultural notes

There are many places for Chinese people to go shopping: stores of various sizes, specialty shops, supermarkets, and all sorts of open-air markets. For grocery shopping, Chinese generally go to farmer's markets. Shops may be state-owned or privately owned. There are many stalls in open markets and farmer's markets, and all kinds of goods are sold. It can be rather crowded and noisy in these places, and price bargaining is very common.

If we suggest that a friend eat together with us in a restaurant, it normally means that we will be the host and will "treat" the friend. One often sees several people struggling to pay the bill in Chinese restaurants. Based on the traditional spirit of "ritualized interaction", the one who does not pay this time will pay the next time. Some young people have adopted the practice of "going Dutch" (AA zhì), but this is not common.

Whether shopping or dining in China, there is no tax to be paid on top of the purchase price, because tax is already included. In most cases, no tipping is necessary or expected.

Dì-liù Kè　Míngtiān Dǎsuàn Gàn Shénme

第六课　明天　打算　干　什么

Lesson 6　What Are You Going to Do Tomorrow?

Míngtiān xīngqīliù.
- 明天　星期六。
  Tomorrow is Saturday.

Wǒ míngtiān wǎnshang yǒu yí gè yuēhuì.
- 我 明天 晚上　有一个约会。
  I have a date tomorrow evening.

Wǒ xiǎng qǐng nǐ hē kāfēi.
- 我 想 请 你 喝 咖啡。
  I'd like to invite you to drink coffee.

Míngtiān wǎnshang bā diǎn yí kè wǒ qù jiē nǐ.
- 明天　晚上八点一刻我去接你。
  I'll pick you up at 8:10 p.m. tomorrow evening.

词语　Cíyǔ　Words and Phrases

1.	明天	(T.W.)	míngtiān	tomorrow
2.	星期六	(T.W.)	xīngqīliù	Saturday
	星期	(N.)	xīngqī	week
3.	打算	(V. & N.)	dǎsuàn	plan
4.	打工		dǎgōng	work as casual worker for somebody
5.	晚上	(T.W.)	wǎnshang	evening
6.	约会	(N.)	yuēhuì	date, appointment, engagement
7.	白天	(T.W.)	báitiān	daytime

8.	家里	(P.W.)	jiāli	at home
	里	(L.W.)	lǐ	in, inside
9.	休息	(V.)	xiūxi	rest
10.	打球		dǎ qiú	play (basketball/ volleyball/ hockey/…)
	球	(N.)	qiú	ball (basketball/ volleyball/ …)
11.	跟……一起		gēn … yìqǐ	together with…
	跟	(Prep.)	gēn	with
	一起	(Adv.)	yìqǐ	together
12.	电视	(N.)	diànshì	TV

*　*　*　*　*

13.	位	(M.W.)	wèi	(measure word used for people when showing politeness)
14.	事儿	(N.)	shìr	matter, affair, thing, business 件
15.	咖啡	(N.)	kāfēi	coffee
16.	时候	(N.)	shíhou	time
	什么时候		shénme shíhou	what time, when
17.	今天	(T.W.)	jīntiān	today
18.	忙	(Adj.)	máng	busy
19.	做	(V.)	zuò	do
20.	功课	(N.)	gōngkè	schoolwork, homework
21.	对不起		duìbuqǐ	sorry
22.	没关系		méi guānxi	it doesn't matter, it's OK
23.	空儿	(N.)	kòngr	free time, spare time
24.	点(钟)	(M.W.)	diǎn (zhōng)	o'clock
25.	半	(Num.)	bàn	half
26.	见面		jiàn miàn	meet (each other)
27.	刻	(M.W.)	kè	quarter (of an hour)
28.	接	(V.)	jiē	go to meet/welcome sb. and take him to some place
29.	再见	(V.)	zàijiàn	goodbye

Supplementary Words

30.	现在	(T.W.)	xiànzài	now
31.	分	(M.W.)	fēn	minute
32.	早上	(T.W.)	zǎoshang	early morning

33.	上午	(T.W.)	shàngwǔ	morning
34.	下午	(T.W.)	xiàwǔ	afternoon

课文 Kèwén Text

1.

Bai Xiaohong and the others are talking about what they are going to do during the weekend.

Bái Xiǎohóng: Míngtiān xīngqīliù, wǒmen dōu bú shàng kè. Nǐmen dǎsuàn gàn shénme?
白小红：明天[1]星期六[2]，我们都不上课。你们打算[3]干什么？

Jiāng Shān: Wǒ míngtiān yào qù dǎgōng.
江　山：我明天要去打工[4]。

Wáng Yīng: Wǒ míngtiān wǎnshang yǒu yí gè yuēhuì.
王　英：我明天晚上[5]有一个约会[6]。

Bái Xiǎohóng: Báitiān ne?
白小红：白天[7]呢？

Wáng Yīng: Zài jiāli xiūxi. Nǐ ne?
王　英：在家里[8]休息[9]。你呢？

Bái Xiǎohóng: Wǒ xiǎng qù dǎ qiú, nǐmen qù bu qù?
白小红：我想去打球[10]，你们去不去？

Mǎ Lì: Wǒ gēn nǐ yìqǐ qù.
马　力：我跟你一起[11]去。

Bái Xiǎohóng: Hǎo a. Wáng Yīng, nǐ qù bu qù?
白小红：好啊。王英，你去不去？

Wáng Yīng: Bú qù. Wǒ bù xǐhuan dǎ qiú.
王　英：不去。我不喜欢打球。

Bái Xiǎohóng: Nà nǐ xǐhuan gànshénme?
白小红：那你喜欢干什么？

Wáng Yīng: Wǒ xǐhuan zài jiāli kàn diànshì.
王　英：我喜欢在家里看电视[12]。

Notes:

"明天星期六"

This is the same as " 明天是星期六 míngtiān shì xīngqīliù". The verb 是 shì is often omitted when talking about the time, the day of the week or the date.

The question form is 明天星期几 Míngtiān xīngqī jǐ?

2.

Ma Li is making a phone call to invite Bai Xiaohong to drink coffee. Bai Xiaohong answers the telephone.

Bái Xiǎohóng: Wèi!
白小红：喂！

Mǎ Lì: Shì Xiǎohóng ma?
马　力：是 小红 吗？

Bái Xiǎohóng: Shì wǒ, nín nǎ wèi?
白小红：是我，您哪位[13]？

Mǎ Lì: Wǒ shì Mǎ Lì.
马　力：我是马力。

Bái Xiǎohóng: Ā, Mǎ Lì ya, nǐ hǎo! Shénme shìr?
白小红：啊，马力 呀，你好！什么事儿[14]？

Mǎ Lì: Wǒ xiǎng qǐng nǐ yìqǐ qù hē kāfēi.
马　力：我想 请你一起去喝咖啡[15]。

Bái Xiǎohóng: Shénme shíhou?
白小红：什么时候[16]？

Mǎ Lì: Jīntiān wǎnshang. Xíng ma?
马　力：今天[17]晚上。行吗？

Bái Xiǎohóng: Bù xíng, jīntiān wǎnshang wǒ bù néng gēn nǐ yìqǐ hē kāfēi. Jīntiān wǎnshang wǒ hěn máng, wǒ yào qù kàn yí wèi péngyou, hái yào zuò gōngkè. Duìbuqǐ!
白小红：不行，今天 晚上 我不能 跟你一起喝咖啡。今天 晚上 我很 忙[18]，我要去看一位 朋友，还要做[19] 功课[20]。对不起[21]！

Mǎ Lì: Méi guānxi. Míngtiān wǎnshang zěnmeyàng?
马　力：没关系[22]。明天 晚上 怎么样？

Bái Xiǎohóng: Míngtiān wǎnshang wǒ yǒu kòngr. Jǐ diǎnzhōng?
白小红：明天 晚上 我有空儿[23]。几点钟[24]？

Mǎ Lì: Bā diǎn bàn, xíng ma?
马　力：八点半[25]，行吗？

Bái Xiǎohóng: Xíng. Zài nǎr jiànmiàn?
白小红：行。在哪儿见面[26]？

Mǎ Lì: Míngtiān wǎnshang bā diǎn yí kè wǒ qù jiē nǐ.
马　力：明天 晚上 八点一刻[27] 我去接[28] 你。

Bái Xiǎohóng: Hǎo ba. Xièxie!
白小红：好吧。谢谢！

Mǎ Lì: Zàijiàn!
马　力：再见[29]！

Bái Xiǎohóng: Zàijiàn!
白小红：再见！

Notes:

"请你喝咖啡"
"请 + somebody + do something" means ask / invite somebody to do something.

语法 Yǔfǎ Grammar

Expressions of Time (I)

Week	星期一	xīngqīyī	Monday
	星期二	xīngqī'èr	Tuesday
	星期三	xīngqīsān	Wednesday
	星期四	xīngqīsì	Thursday
	星期五	xīngqīwǔ	Friday
	星期六	xīngqīliù	Saturday
	星期天 / 星期日	xīngqītiān / xīngqīrì	Sunday

time of clock:

2 : 00 liǎng diǎn

liǎng diǎnzhōng

2 : 05 liǎng diǎn líng wǔ fēn

2 : 10 liǎng diǎn shí fēn

2 : 15 liǎng diǎn shíwǔ fēn

liǎng diǎn yí kè

2 : 30 liǎng diǎn sānshí fēn

liǎng diǎn bàn

2 : 45 liǎng diǎn sìshíwǔ fēn

liǎng diǎn sān kè

sān diǎn chà yí kè

chà yí kè sān diǎn

2 : 55 liǎng diǎn wǔshíwǔ fēn

sān diǎn chà wǔ fēn

chà wǔ fēn sān diǎn

As with place words, time expressions are arranged from the largest unit to the smallest, precisely the opposite of English.

the largest → the smallest

明天下午三点半

míngtiān xiàwǔ sān diǎn bàn

3:30 tomorrow afternoon

星期六上午九点三刻

xīngqīliù shàngwǔ jiǔ diǎn sān kè

9:45 Saturday morning

normally use chà here

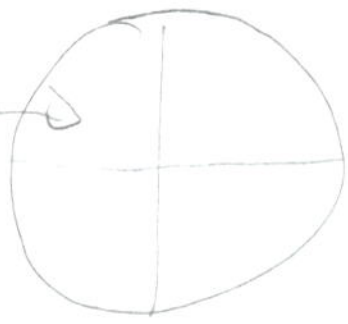

Adverbials

Elements which modify or limit verbs or adjectives are known as adverbials. In Chinese adverbials should be put before verbs or adjectives.

Adverbial + V. / Adj.

Adverbs, prepositional phrases, place expressions or time expressions are commonly used as adverbials.

A. Adverb + V. / Adj.

这两本词典都是你的吗？

Zhè liǎng běn cídiǎn dōu shì nǐ de ma?

他非常忙，我不太忙。

Tā fēicháng máng, wǒ bú tài máng.

B. Prepositional Phrases + V. / A.

我跟你一起去吧。

Wǒ gēn nǐ yìqǐ qù ba.

我可以给你打电话吗？

Wǒ kěyǐ gěi nǐ dǎ diànhuà ma?

C. Place Expressions / Time Expressions + V. / A.

我们八点半上课。

Wǒmen bā diǎn bàn shàng kè.

你今天忙不忙？

Nǐ jīntiān máng bu máng?

我们明天晚上在咖啡馆见面。

（明天晚上我们在咖啡馆见面。）

Wǒmen míngtiān wǎnshang zài kāfēiguǎn jiànmiàn.

(Míngtiān wǎnshang wǒmen zài kāfēiguǎn jiànmiàn.)

Words for Reference

1.	咖啡馆	(N.)	kāfēiguǎn	cafe
2.	篮球	(N.)	lánqiú	basketball
3.	网球	(N.)	wǎngqiú	tennis
4.	橄榄球	(N.)	gǎnlǎnqiú	rugby

5.	排球	(N.)	páiqiú	volleyball
6.	羽毛球	(N.)	yǔmáoqiú	badminton
7.	乒乓球	(N.)	pīngpāngqiú	table tennis
8.	足球	(N.)	zúqiú	soccer, football
9.	踢	(V.)	tī	play
10.	昨天	(N.)	zuótiān	yesterday
11.	前天	(N.)	qiántiān	the day before yesterday
12.	后天	(N.)	hòutiān	the day after tomorrow
13.	夜里	(N.)	yèli	night
14.	上网		shàng wǎng	log onto the Internet
15.	啤酒	(N.)	píjiǔ	beer
16.	曲棍球	(N.)	qūgùnqiú	field hockey
17.	冰球	(N.)	bīngqiú	ice hockey

Cultural notes

The ways Chinese address relatives are fairly complex. Members of the younger generation do not address their elders with their given names. Elders must be addressed according to their relation; for example, "younger uncle, shūshu", "elder uncle, bóbo", etc. Elders may address the younger generation directly with their names. Among people of the same generation, older individuals use given names to address those younger than them, but younger persons generally address those older than them with relation terms such as "oldest brother, dàgē", "second elder sister, èrjiě", etc.

Addressing friends, schoolmates and colleagues is more casual. To address older associates, we use terms such as "old Zhang, lǎo Zhāng", "old Li, lǎo Lǐ", etc. To address people younger than oneself, one can use "young Zhang, xiǎo Zhāng", "young Li, xiǎo Lǐ", etc., or we may just use their names. Another way to address people is according to profession or social status. For example, "Mr. Zhang, Zhāng xiānsheng", "Manager Zhang, Zhāng jīnglǐ", "Teacher Zhang, Zhāng lǎoshī", "Professor Zhang, Zhāng jiàoshòu", "Mayor Zhang, Zhāng shìzhǎng", "Master Zhang, Zhāng shīfu", "Police Officer Zhang, Zhāng jǐngguān", etc.

To address people we do not know, we can use "Sir, xiānsheng", "Miss, xiǎojiě", or "Master, shīfu". Sometimes, we also use terms for addressing relatives such as "older uncle, dàye" (dàbó), "older aunt, dàmā", "auntie, āyí" or "younger uncle, shūshu", etc.

Telephones are playing an increasingly important role in Chinese families now. In cities, almost all families have telephones, and many people are now using e-mail (diànzǐ yóujiàn). More and more people are becoming too busy to write letters. In cities, there are a lot of public telephone booths, so that people can make calls with phone cards for sale in post offices or special phone card booths. In towns, public telephones (gōngyòng diànhuà) are frequently found in small shops. These phones take one yuan coins. Sometimes the cost of a call is calculated according to the length of time involved. When one finishes using the phone, the shop owner will collect a fee. Many of these can only be used for local phone calls (shìnèi diànhuà). Some may be used for long distance calls (chángtú diànhuà; meaning between cities within China), and some are available for international long distance calls (guójì diànhuà).

当代中文

Dì-qī Kè　Nǐ Shénme Shíhou Huílai

第七课　你什么时候回来

Lesson 7　When Will You Come Back?

Wǒ dǎsuàn qī yuè yī hào yǐqián huílai.
- 我打算七月一号以前回来。
I will come back before July 1st.

Wǒ yǒudiǎnr dānxīn.
- 我有点儿担心。
I'm a little worried.

Qǐngwèn, kěyǐ jìnlai ma?
- 请问，可以进来吗？
Excuse me, may I come in?

Tā shòushòu de, gāogāo de.
- 她瘦瘦的，高高的。
She is thin and tall.

词语 Cíyǔ Words and Phrases

1.	放假		fàng jià	take a vacation
2.	月		yuè	month
3.	下旬	(T.W.)	xiàxún	(during) the last ten days of a month
4.	以后	(L.W.)	yǐhòu	after, later
5.	旅行	(V.)	lǚxíng	travel
6.	中旬	(T.W.)	zhōngxún	(during) the middle ten days of a month
7.	或者	(Conj.)	huòzhě	or
8.	回来	(D.V.)	huílai	come back

	回	(D.V.)	huí	be back (to a place)
9.	号 (日)		hào (rì)	date
10.	以前	(L.W.)	yǐqián	before, ago
11.	可是	(conj.)	kěshì	but
12.	有点儿	(Adv.)	yǒudiǎnr	a little
13.	担心	(V.)	dānxīn	worry
14.	别	(Adv.)	bié	don't (asking sb. not to do sth.)
15.	帮助	(V. & N.)	bāngzhù	help
16.	进来	(D.V.)	jìnlai	come in
	进	(D.V.)	jìn	enter
17.	找	(V.)	zhǎo	look for, want to see
18.	戴	(V.)	dài	wear (a pair of glasses / a tie / a watch…)
19.	副	(M.W.)	fù	(measure word for spectacles, gloves, etc.)
20.	眼镜	(N.)	yǎnjìng	glasses, spectacles 副
21.	每	(Pron.)	měi	every
22.	瘦	(Adj.)	shòu	thin, emaciated, lean
23.	高	(Adj.)	gāo	tall, high
24.	头发	(N.)	tóufa	hair
25.	长	(Adj.)	cháng	long
26.	穿	(V.)	chuān	wear
27.	牛仔裤		niúzǎikù	jeans 条
28.	刚	(Adv.)	gāng	only a short time ago, just
29.	出去	(D.V.)	chūqu	go out
	出	(D.V.)	chū	come / go out
30.	过	(D.V.)	guò	cross, pass, past
31.	一会儿		yíhuìr	a short while
32.	再	(Adv.)	zài	again

Supplementary Words

33.	上	(N. & D.V.)	shàng	above, over, up, go / come up
34.	下	(N. & D.V.)	xià	below, under, dowm, go / come down
35.	今年	(T.W.)	jīnnián	this year

第七课

Proper Names

36.	四川	Sìchuān	Sichuan
37.	云南	Yúnnán	Yunnan

课文 Kèwén Text

1.

Ding Hansheng and Jiang Shan are chatting. Jiang Shan is going to travel to China with his girlfriend.

Dīng Hànshēng: Nǐmen shénme shíhou fàng jià?
丁汉生：你们什么时候放假[1]？

Jiāng Shān: Sì yuè xiàxún.
江　山：四月[2]下旬[3]。

Dīng Hànshēng: Fàng jià yǐhòu nǐ dǎsuàn gàn shénme?
丁汉生：放假以后[4]你打算干什么？

Jiāng Shān: Wǒ xiǎng qù Zhōngguó lǚxíng.
江　山：我想去中国旅行[5]。

Dīng Hànshēng: Yào qù hěn duō dìfang ba?
丁汉生：要去很多地方吧？

Jiāng Shān: Shì a, Shànghǎi、Sìchuān、Yúnnán...
江　山：是啊，上海、四川、云南……

Dīng Hànshēng: Shénme shíhou qù?
丁汉生：什么时候去？

Jiāng Shān: Wǔ yuè zhōngxún huòzhě xiàxún.
江　山：五月中旬[6]或者[7]下旬。

Dīng Hànshēng: Shénme shíhou huílai?
丁汉生：什么时候回来[8]？

Jiāng Shān: Wǒ dǎsuàn qī yuè yī hào yǐqián huílai.
江　山：我打算七月一号[9]以前[10]回来。

Dīng Hànshēng: Nǐ yí gè rén qù ma?
丁汉生：你一个人去吗？

Jiāng Shān: Bù, gēn wǒ de nǚ péngyou yìqǐ qù. Kěshì, wǒmen de Hànyǔ bú tài hǎo,
江　山：不，跟我的女朋友一起去。可是[11]，我们的汉语不太好，

wǒ yǒudiǎnr dānxīn.
我有点儿[12]担心[13]。

Dīng Hànshēng: Nǐ bié dānxīn. Wǒ zài Shànghǎi、Sìchuān dōu yǒu péngyou, kěyǐ qǐng tāmen
丁汉生：你别[14]担心。我在上海、四川都有朋友，可以请他们

bāngzhù nǐ.
帮助[15]你。

Notes:

（一）“放假以后你打算干什么”、“七月一号以前回来”

……以后 means after…, ……以前 means before…

以前，我不会说汉语。 Yǐqián, wǒ bú huì shuō Hànyǔ.
我七点钟以前回来。 Wǒ qī diǎnzhōng yǐqián huílai.
来这儿以前，他在北京工作。 Lái zhèr yǐqián, tā zài Běijīng gōngzuò.

以后，我想去北京工作。 Yǐhòu, wǒ xiǎng qù Běijīng gōngzuò.
我七点钟以后回来。 Wǒ qī diǎnzhōng yǐhòu huílai.
来这儿以前，他在我们大学学习。 Lái zhèr yǐhòu, tā zài wǒmen dàxué xuéxí.

（二）“五月中旬或者下旬”

Both 还是 and 或者 mean “or”, but 还是 is usually used in the questions while 或者 is used in the statements. Other examples:

你打算这个月去还是下个月去？
Nǐ dǎsuàn zhège yuè qù háishi xià ge yuè qù?
Will you go this month or next month?

我打算这个月去或者下个月去。
Wǒ dǎsuàn zhège yuè qù huòzhě xià ge yuè qù.
I will go this month or next month.

你要茶还是咖啡？
Nǐ yào chá háishi kāfēi?
Do you want tea or coffee?

茶或者咖啡都可以。

Chá huòzhě kāfēi dōu kěyǐ.

Either is fine.

(三) “我有点儿担心”

Both 一点儿 and 有点儿 mean “a little”, but 一点儿 usually modifies nouns denoting quantity. E.g. “我会说一点儿汉语 Wǒ huì shuō yìdiǎnr Hànyǔ”, “我要喝一点儿茶 Wǒ yào hē yìdiǎnr chá”. While 有点儿 is an adverb which modifies adjectives or verbs denoting degree. E.g. “他今天有点儿不高兴 Tā jīntiān yǒudiǎnr bù gāoxìng”, “这件衬衫有点儿贵 Zhè jiàn chènshān yǒudiǎnr guì”.

2.

Jack works and studies Chinese in Beijing. Today he goes to visit his Chinese teacher — Miss Wang.

Jiékè: Qǐng wèn, kěyǐ jìnlai ma?
杰　克：请问，可以进来[16]吗？

Lǎoshī: Nǐ zhǎo shuí?
老　师：你找[17]谁？

Jiékè: Wǒ zhǎo Wáng lǎoshī.
杰　克：我找 王老师。

Lǎoshī: Nǎ wèi Wáng lǎoshī? Wǒmen zhèr yǒu liǎng wèi Wáng lǎoshī.
老　师：哪位 王 老师？我们这儿有 两 位 王 老师。

Jiékè: Wǒ bù zhīdao tā jiào shénme míngzi. Tā shì nǚ de.
杰　克：我不知道她叫什么名字。她是女的。

Lǎoshī: Zhèr de lǎoshī dōu shì nǚ de.
老　师：这儿的老师都是女的。

Jiékè: Tā dài yí fù yǎnjìng.
杰　克：她戴[18]一副[19]眼镜[20]。

Lǎoshī: Zài wǒmen zhèr, měi wèi lǎoshī dōu dài yǎnjìng.
老　师：在我们这儿，每[21]位老师都戴眼镜。

Jiékè: Tā shòushòu de, gāogāo de, tóufa chángcháng de, chuān yì tiáo niúzǎi kù.
杰　克：她瘦[22]瘦的，高[23]高的，头发[24]长[25]长的，穿[26]一条牛仔裤[27]。

Lǎoshī: Ò, nǐ yào zhǎo Wáng Huān lǎoshī. Tā gāng chūqu.
老　师：哦，你要找 王 欢 老师。她刚[28]出去[29]。

Jiékè: Tā dàgài shénme shíhou huílai?
杰 克：她大概什么时候回来？

Lǎoshī: Bù zhīdao. Nǐ guò yíhuìr zài lái kànkan ba.
老 师：不知道。你过 30 一会儿 31 再 32 来看看吧。

Notes:

（一）“我们这儿有两位王老师”

这儿 or 那儿 can follow some nouns or pronouns to indicate location. E.g.

我的词典在老师那儿。

Wǒ de cídiǎn zài lǎoshī nàr.

My dictionary is at the teacher's place. (literally, there where the teacher is.)

我们明天去他那儿。

Wǒmen míngtiān qù tā nàr.

We'll go to his place tomorrow.

（二）“这儿的老师都是女的”

Here 这儿 modifies the noun 老师 . E.g.

这儿的书比较贵，那儿的书比较便宜。

Zhèr de shū bǐjiào guì, nàr de shū bǐjiào piányi.

语法 Yǔfǎ Grammar

Expressions of Time (II)

e.g.

year

1949 年	一九四九年	yī jiǔ sì jiǔ nián
2008 年	二〇〇八年	èr líng líng bā nián

month

一月 yī yuè	二月 èr yuè	三月 sān yuè
四月 sì yuè	五月 wǔ yuè	六月 liù yuè
七月 qī yuè	八月 bā yuè	九月 jiǔ yuè

十月 shí yuè　　十一月 shíyī yuè　　十二月 shí'èr yuè

day

一号 yī hào　　二号 èr hào　　三号 sān hào ……

三十号 sānshí hào　　三十一号 sánshíyī hào

In written style 日 rì is used instead of 号 hào.

Word order in dates. e.g.

2005 年 4 月 30 日 / 号

二〇〇五 年 四月 三十日 / 号

èr líng líng wǔ nián sì yuè sānshí rì / hào

二〇〇二 年 十 月 三十 日 上午 九 点 四十分

èr líng líng èr nián shí yuè sānshí rì shàngwǔ jiǔ diǎn sìshí fēn

Directional Verbs

Directional verbs in Chinese include two groups — monosyllabic directional verbs and disyllabic directional verbs, as follows:

	进 jìn	出 chū	上 shàng	下 xià	过 guò	回 huí
来 lái	进来 jìnlai	出来 chūlai	上来 shànglai	下来 xiàlai	过来 guòlai	回来 huílai
去 qù	进去 jìnqu	出去 chūqu	上去 shàngqu	下去 xiàqu	过去 guòqu	回去 huíqu

1 进来吧！

2 进去吧！

5 上来吧！ 6 上去吧！ 7 下来吧！ 8 下去吧

9 过来吧！ 10 过去吧！

E.g.:

请进！ Qǐng jìn!

进来吧。 Jìnlai ba.

你什么时候回来？ Nǐ shénme shíhou huílai?

Note: An object denoting location can't follow a disyllabic direction verb. It should be inserted between the two syllables of the verb. E.g.:

我今天晚上不回学校去。 Wǒ jīntiān wǎnshang bù huí xuéxiào qù.

我们上山去吧。 Wǒmen shàng shān qù ba.

The Reduplication of Adjectives

Some adjectives can be reduplicated. The reduplicated form of monosyllabic adjectives is AA as in 大大 dàdà, 红红 hónghóng; the reduplicated form of disyllabic adjectives is AABB in which the second syllable is pronounced lightly as in 漂漂亮亮 piàopiaoliàngliàng, 高高兴兴 gāogaoxìngxìng. In this case, reduplication is used to intensify the adjective and suggest description.

The reduplicated form of adjectives is usually followed by 的 de when they function as predicates or attributives. E.g.

她瘦瘦的，高高的，头发长长的。

Tā shòushòu de, gāogāo de, tóufa chángcháng de.

他们都高高兴兴的，你为什么不高兴？

Tāmen dōu gāogaoxìngxìng de, nǐ wèi shénme bù gāoxìng?

Words for Reference

1.	放心	(Adj.)	fàngxīn	put one's mind at ease, feel relieved
2.	明年	(N.)	míngnián	next year
3.	去年	(N.)	qùnián	last year
4.	后年	(N.)	hòunián	the year after next
5.	前年	(N.)	qiánnián	the year before last
6.	上旬	(N.)	shàngxún	(during) the first ten days of a month
7.	不要		bú yào	don't (ask sb. not to do sth.)
8.	不用	(Modal V.)	bú yòng	needn't
9.	胖	(Adj.)	pàng	fat
10.	矮	(Adj.)	ǎi	short (in height)
11.	短	(Adj.)	duǎn	short (in length)
12.	眼睛	(N.)	yǎnjing	eye

Cultural notes

There are two kinds of Chinese calendars: the official calendar, also known as the solar calendar (identical with the Gregorian calendar first used by Western countries) and the lunar calendar (also known as the agrarian calendar). The lunar calendar is based on the traditional Chinese calendric system which is calculated according to the moon's revolution around the earth in approximately 29.5 days. In the lunar system, a "greater month" consists of 30 days and a "smaller month" consists of 29 days. There are 12 lunar months in an ordinary lunar year, but since there are only 354-355 days a year in this system, sometimes extra "intercalary" months are added to make up for the lost time and keep the calendar in step with the seasons. According to tradition, the lunar calendar was created during the Xia Dynasty (21st Century B.C. - 16th Century B.C.), so it is also known as the Xia calendar today.

The principal traditional Chinese festivals are:

The Spring Festival, 春节 Chūn Jié (known in the West as Chinese New Year):

The Lantern Festival, 元宵节 Yuánxiāo Jié: the fifteenth day of the first lunar month.

The Grave-Visiting Day, 清明节 Qīngmíng Jié: one of the twenty-four solar periods; around the fifth of the fourth solar month.

The Dragon Boat Festival, 端午节 Duānwǔ Jié: the fifth day of the fifth lunar month.

Mid-Autumn Festival, 中秋节 Zhōngqiū Jié: the fifteenth day of the eighth lunar month.

The Double-Ninth Festival, 重阳节 Chóngyáng Jié: the ninth day of the ninth lunar month.

The dates of official holidays in China are calculated according to the solar Gregorian calendar:

New Year's Day, 元旦 Yuándàn: January 1st.

Women's Day, 妇女节 Fùnǚ Jié: March 8th.

Labour Day, 劳动节 Láodòng Jié: May 1st.

Youth Day, 青年节 Qīngnián Jié: May 4th.

Children's Day, 儿童节 értóng Jié: June 1st.

National Day, 国庆节 Guóqìng Jié: October 1st.

Some official holidays celebrated in Canada and the United States

New Year's Day, Yuándàn

Easter, Fùhuó Jié

Memorial Day, Zhènwángjiàngshì jìniànrì

Canada Day, Jiānádà Guóqìngrì

Independence Day, Měiguó Dúlì Jìniànrì

Thanksgiving, Gǎn'ēn Jié

Christmas, Shèngdàn Jié

China now has a nine-year compulsory education system; that is, every child is expected to complete at least three years of junior high school education after six years of elementary school (xiǎoxúe). After graduating from junior high school, students generally go on to a senior high school or a professional school. The six-year high school (zhōngxué) system consists of three years of junior high (chūzhōng), and three years of senior high (gāozhōng). After graduating from high school and passing the higher education entrance examination (gāokǎo), some students will be able to attend university. An undergraduate degree program generally takes four years to complete. After graduation, most people start to work, but some go on to become graduate students (yánjiūshēng). Those who qualify for graduate school normally study three more years. After they successfully defend their theses, they are awarded a master's degree (shuòshì). There are also some who study another three or more years to gain a Ph.D. degree (bóshì).

Aside from a small number of students whose homes are close to the university campus, making it convenient for them to live at home, most Chinese university students live in dormitories or student apartments, and they eat in the university's cafeterias (shítáng). Foreign students generally stay in the university's foreign student residences, but they can also rent rooms off campus. Some foreign students study together with Chinese students in different departments, but many study Chinese in a special department, which may be called the "International Cultural Exchange School", "Institute for Overseas Education" or "Centre for Chinese Teaching".

Chinese universities use a credit system. There are two semesters in each school year. The first semester runs from the first part of September to just before the Spring Festival (generally January of the next year). The second semester starts after the Spring Festival (generally in February) and ends in the first part of July. Each class is 45 to 50 minutes long, with a 10-minute break between classes.

Sentences: 1, 4, 15, 10, 27, 25

Dì-bā Kè　　Fùjìn Yǒu Méiyǒu Yínháng

第八课　附近有没有银行

Lesson 8　Is There a Bank Nearby?

- Fùjìn yǒu méiyǒu yínháng?
  附近有没有银行?
  Is there a bank nearby?

- Yóujú jiù zài nàge yínháng de pángbiān.
  邮局就在那个银行的旁边。
  The post office is just beside the bank

- Dìtiě zhàn lí qìchē zhàn yuǎn bu yuǎn?
  地铁站离汽车站远不远?
  Is the subway stop far away from the bus stop?

- Néng bu néng qí zìxíngchē qù?
  能不能骑自行车去?
  Can I go there by bike?

词语　Cíyǔ　Words and Phrases

1.	附近	(L.W.)	fùjìn	nearby
2.	银行	(N.)	yínháng	bank
3.	行人	(N.)	xíngrén	pedestrian
4.	离	(Prep.)	lí	away from
5.	远	(Adj.)	yuǎn	far
6.	怎么	(Adv.)	zěnme	how
7.	走	(V.)	zǒu	go, walk, leave
8.	往	(Prep.)	wǎng	toward

9.	前		qián	front
	前面（前边）	(L.W.)	qiánmian (qiánbian)	front
10.	右		yòu	right
	右面（右边）	(L.W.)	yòumian(yòubian)	right
11.	拐	(V.)	guǎi	turn
12.	马路	(N.)	mǎlù	road 条
	路		lù	road, route
13.	就	(Adv.)	jiù	just (for emphasis)
14.	邮局	(N.)	yóujú	post office
15.	旁边	(L.W.)	pángbiān	beside
16.	不客气		bú kèqi	You're welcome (the answer for 谢谢)
	客气	(Adj.)	kèqi	polite, courteous, modest

* * * * *

17.	市中心		shì zhōngxīn	downtown
18.	告诉	(V.)	gàosu	tell
19.	地铁	(N.)	dìtiě	subway, metro, underground, tube
20.	从	(Prep.)	cóng	from
21.	到	(Prep.&V.)	dào	to, until, arrive
22.	门口	(P.W.)	ménkǒu	gate, doorway
23.	公共汽车		gōnggòng qìchē	bus
	汽车	(N.)	qìchē	automobile, motor vehicle
	车	(N.)	chē	vehicle
24.	站	(N.)	zhàn	station, top
25.	然后	(Conj.)	ránhòu	then
26.	换	(V.)	huàn	change
27.	下车		xià chē	get off
28.	骑	(V.)	qí	ride
29.	自行车	(N.)	zìxíngchē	bicycle

Supplementary Words

30.	后面（后边）	(L.W)	hòumian (hòubian)	behind
31.	左面（左边）	(L.W.)	zuǒmian (zuǒbian)	left
32.	上面（上边）	(L.W.)	shàngmian (shàngbian)	above, on

33.	下面(下边)	(L.W.)	xiàmian (xiàbian)	below, under
34.	里面(里边)	(L.W.)	lǐmian (lǐbian)	in, inside
35.	外面(外边)	(L.W.)	wàimian (wàibian)	outside
36.	上车		shàng chē	get on
37.	近	(Adj.)	jìn	near

课文 Kèwén Text

1.

Jiang Shan and his girlfriend are travelling in China. After they have arrived in the city they look for a bank and a post office.

Jiāng Shān: Qǐng wèn, fùjìn yǒu méiyǒu yínháng?
江 山：请问，附近[1]有没有银行[2]？

Xíngrén: Yǒu. Fùjìn yǒu yí gè Zhōngguó Yínháng.
行 人[3]：有。附近有一个中国 银行。

Jiāng Shān: Lí zhèr yuǎn bu yuǎn?
江 山：离[4]这儿远[5]不远？

Xíngrén: Bú tài yuǎn.
行 人：不太远。

Jiāng Shān: Zěnme zǒu?
江 山：怎么[6]走[7]？

Xíngrén: Wǎng qián zǒu yìdiǎnr, wǎng yòu guǎi, guò liǎng tiáo mǎlù, jiù shì Zhōngguó Yínháng.
行 人：往[8]前[9]走一点儿，往右[10]拐[11]，过两条马路[12]，就[13]是中国 银行。

Jiāng Shān: Fùjìn yǒu méiyǒu yóujú?
江 山：附近有没有邮局[14]？

Xíngrén: Yǒu. Yóujú jiù zài nàge yínháng de pángbiān.
行 人：有。邮局就在那个银行的旁边[15]。

Jiāng Shān:　Xièxie nín!
江　山：谢谢您！

Xíngrén:　Bú kèqi.
行　人：不客气[16]。

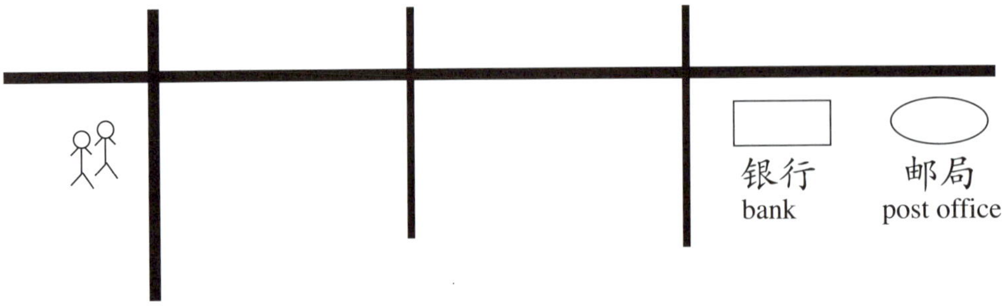

2.

Jiang Shan and Zhang Yuanyuan are talking about how to go downtown from a university campus.

Jiāng Shān:　Wǒmen xiànzài zěnme qù shì zhōngxīn ne?
江　山：我们现在怎么去市中心[17]呢？

Zhāng Yuányuan: Yǒu rén gàosu wǒ, kěyǐ zuò dìtiě qù.
张园园：有人告诉[18]我，可以坐地铁[19]去。

Jiāng Shān:　Nǐ zhīdao zěnme zǒu ma?
江　山：你知道怎么走吗？

Zhāng Yuányuan: Bù zhīdao.
张园园：不知道。

Jiāng Shān:　Wǒmen wèn yíxià ba.
江　山：我们问一下吧。

(Asking a college student passing by.)

Zhāng Yuányuan: Tóngxué, qǐngwèn cóng zhèr dào shì zhōngxīn zěnme zǒu?
张园园：同学，请问从[20]这儿到[21]市中心怎么走？

Xuésheng:　Nǐ zài xuéxiào ménkǒu zuò yāo-sān-jiǔ lù gōnggòng qìchē, zuò wǔ zhàn, ránhòu
学　生：你在学校门口[22]坐 139 路公共汽车[23]，坐五站[24]，然后[25]
huàn dìtiě, zuò liǎng zhàn, cóng dìtiě zhàn chūlai, jiù shì shì zhōngxīn.
换[26]地铁，坐两站，从地铁站出来，就是市中心。

Zhāng Yuányuan: Dìtiě zhàn lí qìchē zhàn yuǎn bu yuǎn?
张园园：地铁站离汽车站远不远？

Xuésheng: Bù yuǎn. Nǐ xià chē yǐhòu wǎng yòu guǎi, guò mǎlù, jiù shì dìtiě zhàn.
学　生：不远。你下车[27]以后往右拐，过马路，就是地铁站。

Jiāng Shān: Néng bu néng qí zìxíngchē qù?
江　山：能不能骑[28]自行车[29]去？

Xuésheng: Bù xíng, tài yuǎn le!
学　生：不行，太远了。

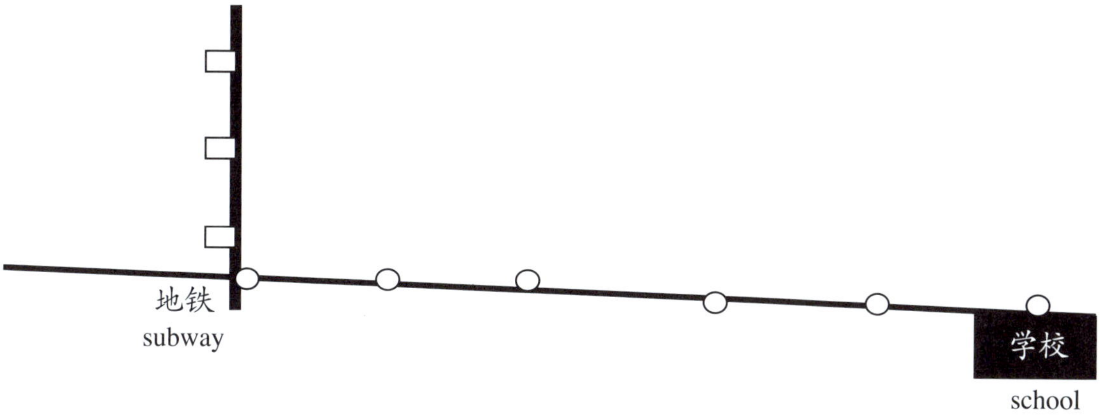

语法 Yǔfǎ Grammar

Location Words and Place Expressions

The Chinese locations words are as follows:

前 qián	后 hòu	左 zuǒ	右 yòu	上 shàng	下 xià	里 lǐ	外 wài
前面 qiánmian	后面 hòumian	左面 zuǒmian	右面 yòumian	上面 shàngmian	下面 xiàmian	里面 lǐmian	外面 wàimian
前边 qiánbian	后边 hòubian	左边 zuǒbian	右边 yòubian	上边 shàngbian	下边 xiàbian	里边 lǐbian	外边 wàibian

……

附近 fùjìn　　旁边 pángbiān ……

A disyllabic location word or a noun / pronoun followed by a location word indicates a specific place.

(P. / N. +) LW

e.g.

前面	qiánmian
我（的）前面	wǒ (de) qiánmian
银行（的）前面	yínháng (de) qiánmian
旁边	pángbiān
我（的）旁边	wǒ (de) pángbiān
银行（的）旁边	yínháng (de) pángbiān

When preceded by a noun, 面 / 边 is often omitted if the location words are 上面 / 上边 or 里面 / 里边 . E.g.

家里　学校里　商店里

书上　天上　路上　汽车上

The 在 (zài) Sentence and the 有 (yǒu) Sentence

在 (zài) sentence and 有 (yǒu) sentence denoting location or existence.

Specific noun + 在 + a place

Somebody or something is in / on / at …

e.g.

我在英国。Wǒ zài Yīngguó.

那个邮局在银行旁边。Nàge yóujú zài yínháng pángbiān.

江山的词典在桌子上。Jiāng Shān de cídiǎn zài zhuōzi shang.

A place + 有 + Non-specific noun

There is something or somebody in/at/on…

e.g.

我家有五口人。Wǒ jiā yǒu wǔ kǒu rén.

附近有一个中国银行。Fùjìn yǒu yí gè Zhōngguó Yínháng.

银行里有很多人。Yínháng lǐ yǒu hěn duō rén.

Words for Reference

1.	东面（东边）	(LW)	dōngmian (dōngbian)	east
2.	南面（南边）	(LW)	nánmian (nánbian)	south
3.	西面（西边）	(LW)	xīmian (xībian)	west
4.	北面（北边）	(LW)	běimian (běibian)	north
5.	对面	(LW)	duìmiàn	opposite
6.	中间	(LW)	zhōngjiān	center, middle
7.	火车	(N.)	huǒchē	train
8.	飞机	(N.)	fēijī	plane
9.	出租汽车		chūzū qìchē	taxi 辆
10.	船	(N.)	chuán	ship
11.	开（车）	(V.)	kāi	drive
12.	辆	(MW)	liàng	(measure word for vehicles)

Cultural notes

In China, the first choice of most people for long distance travel is the train (huǒchē). Naturally, many people also choose airplanes (fēijī) or long distance buses (chángtú qìchē). The commonest modes of transportation in large cities are public buses (gōnggòng qìchē) and the subway (dìtiě). However, if they are not traveling very far, many people would rather ride their bicycles (zìxíngchē) because they are both convenient and fast. Private cars are becoming commoner in large cities.

Taking taxis (chūzū qìchē) in China is very convenient. There are empty taxis to be found driving by most of the time, and they can be easily hailed. As well, there are almost always taxis parked in front of hotels to serve customers at all hours of the day.

Dì-jiǔ Kè Wǒ Yǐqián Yǎngguo Niǎor

第九课 我以前养过鸟儿

Lesson 9 I've Raised Birds Before

- Wǒ yǐqián yǎngguo huār.
  我以前养过花儿。
  I've grown flowers before.

- Yǐqián bù xíng, xiànzài kěyǐ le.
  以前不行，现在可以了。
  It was not permitted before, but now it is allowed.

- Tīngshuō, nǐ yào qù Běijīng le?
  听说，你要去北京了？
  I heard that you're going to Beijing. Is it true?

- Yàoshi nǐ xiǎng qù dehua, wǒ péi nǐ yìqǐ qù.
  要是你想去的话，我陪你一起去。
  If you want to go, I can accompany you.

词语 Cíyǔ Words and Phrases

1.	老人家	(N.)	lǎorénjia	Sir/ Madam (for elderly people)
2.	只	(M.W.)	zhī	(measure word for birds, cats, little dogs, etc.)
3	狗	(N.)	gǒu	dog 条 只
4.	养	(V.)	yǎng	to raise (animals), grow (flowers), etc.
5.	过	(Part.)	guò	
6.	花儿	(N.)	huār	flower
7.	鸟儿	(N.)	niǎor	bird 只
8.	但是	(Conj.)	dànshì	but

9.	了	(Part.)	le	
10.	听说	(V.)	tīngshuō	it is said, to hear tell of something
11.	城市	(N.)	chéngshì	city
12.	有的	(Pron.)	yǒude	some
13.	猫	(N.)	māo	cat
14.	动物	(N.)	dòngwù	animal
15.	麻烦	(Adj. & V. & N.)	máfan	troublesome, (to) trouble
16.	时间	(N.)	shíjiān	time
17.	自己	(Pron.)	zìjǐ	oneself

* * * *

18.	办	(V.)	bàn	to do
19.	对……熟悉		duì...shúxī	to be familiar with…
	对	(Prep.)	duì	to, with
	熟悉	(V.)	shúxī	to be familiar with …
20.	些	(M.W.)	xiē	
	这些		zhèxiē	these
	那些		nàxiē	those
	哪些		nǎxiē	which ones
	一些		yìxiē	some
21.	照片	(N.)	zhàopiàn	photo 张
22.	登	(V.)	dēng	to climb (a mountain, a high top)
23.	不到长城非好汉		Bú dào Chángchéng fēi hǎohàn	
				You're not a true man if you haven't conquered the Great Wall.
	非		fēi	not
	好汉	(N.)	hǎohàn	brave man, true man
24.	别的	(Pron.)	biéde	other
25.	欢迎	(V.)	huānyíng	to welcome
26.	要是……的话		yàoshi...dehua	if
	要是	(Conj.)	yàoshi	if
	……的话		...dehua	if
27.	陪	(V.)	péi	to accompany
28.	得	(Op.V.)	děi	to have to, must
29.	(飞)机票		fēijīpiào	plane ticket
	飞机	(N.)	fēijī	plane
	票	(N.)	piào	ticket

第九课

Supplementary Words

30.	所以	(Conj.)	suǒyǐ	so, therefore
31.	别人	(Pron.)	biérén	other people
32.	拍照	(V.O.)	pāi zhào	take photos

Proper Names

33.	故宫	Gùgōng	the Imperial Palace
34.	颐和园	Yíhéyuán	the Summer Palace
35.	长城	Chángchéng	the Great Wall
36.	上海	Shànghǎi	Shanghai
37.	西安	Xī'ān	Xi'an
38.	成都	Chéngdū	Chengdu

课文 Kèwén Text

1.

On the eastern shore of the Pacific Ocean, Jiang Shan and the others are still studying at a university. Their Chinese is getting better and better. Today Jiang Shan goes to see Ding Hansheng. Now he is chatting with Ding Hansheng's father.

Jiāng Shān: Lǎorénjia, zhè zhī xiǎo gǒu zhēn kě'ài.
江　山：老人家[1]，这只[2]小狗[3]真可爱。

Lǎorén: Shì a. Wǒ yǐqián yǎngguo huār, yǎngguo niǎor, dànshì bù xǐhuan yǎng gǒu.
老　人：是啊。我以前养[4]过[5]花儿[6]，养过鸟儿[7]，但是[8]不喜欢养狗。

Lái zhèr yǐhòu, zhèr de rén dōu xǐhuan yǎng gǒu, wǒ yě yǎng gǒu le.
来这儿以后，这儿的人都喜欢养狗，我也养狗了[9]。

Jiāng Shān: Tīngshuō zài Zhōngguó chéngshì li bù néng yǎng gǒu, shì ma?
江　山：听说[10]在中国城市[11]里不能养狗，是吗？

Lǎorén: Yǐqián bù xíng, xiànzài kěyǐ le. Yǒude rén xǐhuan yǎng gǒu, yǒude rén
老　人：以前不行，现在可以了。有的[12]人喜欢 养狗，有的人

xǐhuan yǎng māo, yǒude rén xǐhuan yǎng niǎor, hái yǒude rén xǐhuan yǎng yú ...
喜欢 养 猫[13]，有的人喜欢养 鸟儿，还有的人喜欢 养 鱼……

Nǐ yě xǐhuan yǎng xiǎo dòngwù?
你也喜欢 养 小 动物[14]？

Jiāng Shān: Wǒ xǐhuan xiǎo dòngwù, dànshì bù yǎng xiǎo dòngwù.
江　山：我喜欢 小 动物，但是不 养 小 动物。

Lǎorén: Wèi shénme? Shì bu shì tài máfan?
老　人：为什么？是不是太麻烦[15]？

Jiāng Shān: Bú shì. Yīnwèi wǒ méiyǒu shíjiān, yě méiyǒu qián. Wǒ zhǐ néng yǎng wǒ zìjǐ.
江　山：不是。因为我没有时间[16]，也没有钱。我只能 养 我自己[17]。

2.

Having just come back from China, Jack is going to Beijing again, on business. He is saying goodbye to Bai Xiaohong.

Bái Xiǎohóng: Tīngshuō, nǐ yào qù Běijīng le?
白小红：听说，你要去北京了？

Jiékè: Duì a. Gōngsī ràng wǒ qù Běijīng bàn diǎnr shìr.
杰　克：对啊。公司让 我去北京办[18] 点儿事儿。

Bái Xiǎohóng: Shénme shíhou zǒu?
白小红：什么时候走？

Jiékè: Xià xīngqīsān.
杰　克：下星期三。

Bái Xiǎohóng: Nǐ duì Běijīng hěn shúxī le ba?
白小红：你对北京很熟悉[19]了吧？

Jiékè: Dāngrán. Nǐ kàn zhèxiē zhàopiàn. Zhè shì Gùgōng, zhè shì Yíhéyuán...
杰　克：当然。你看这些[20]照片[21]。这是故宫，这是颐和园……

Bái Xiǎohóng: Nǐ dēngguo Chángchéng ma?
白小红：你登[22]过长城吗？

Jiékè: "Bú dào Chángchéng fēi hǎohàn", wǒ zěnme néng bù dēng Chángchéng ne?
杰　克："不到长城非好汉[23]"，我怎么能不登长城呢？

Bái Xiǎohóng: Nǐ hái qùguo biéde chéngshì ma?
白小红：你还去过别的[24]城市吗？

Jiékè: Shànghǎi, Xī'ān, Chéngdū... wǒ dōu qùguo.
杰　克：上海、西安、成都……我都去过。

Kěshì, yǒu yí ge dìfang wǒ hái méi qùguo.
可是，有一个地方我还没去过。

Bái Xiǎohóng: Shénme dìfang?
白小红：什么地方？

Jiékè: Nǐ de jiā.
杰　克：你的家。

Bái Xiǎohóng: Huānyíng nǐ qù ya. Yàoshi nǐ xiǎng qù dehua, wǒ péi nǐ yìqǐ qù. Dànshì,
白小红：欢迎[25]你去呀！要是你想去的话[26]，我陪[27]你一起去。但是，

nǐ děi gěi wǒ mǎi jīpiào.
你得[28]给我买机票[29]。

Notes:

（一）"要去北京了"

"要……了" indicates that something or an action is going to happen soon. Another example: 我们要放假了。

（二）“我怎么能不登长城呢”

This is a rhetorical question, which means “我当然要登长城” .

语法 Yǔfǎ Grammar

The Particle 过 (guo) Indicating Past Experience

The particle 过 follows a verb or an adjective to indicate that something has happened before. It is used to emphasize past experiences. E.g.

（1）他在北京住过，对北京很熟悉。

（2）我在那个饭店吃过中国菜，很好吃。

The negative form is made by adding 没（有）before the verb and keeping the 过 . E.g.

(1) 他没去过北京，对北京不熟悉。

(2) 我没吃过中国菜，不知道好吃不好吃。

(3) A: 你知道他住哪儿吗？

B: 不知道。他没说过。

The interrogative form is: … 吗 ? / … 没有 ? / …V. 没 V. 过 …? E.g.

1. 你去过中国吗？

你没去过中国吗？

2. 你去过北京没有？

3. 你吃没吃过中国菜？

The Particle 了 (le) Indicating Change of Situation

In the following sentences, the particle 了 is put at the end of a sentence to indicate that some change has happened, or that a new situation has come about. E.g.

(1) 我以前每天看电视，现在忙了，没有时间看电视了。

(2) 她今天有事儿，不能来上课了。

(3) 九点了，我要回家了。

Words for Reference

1.	宠物	(N.)	chǒngwù	pet
2.	遛狗	(V.O.)	liù gǒu	to walk the dog
3.	农村	(N.)	nóngcūn	countryside
4.	照相	(V.O.)	zhào xiàng	take photos
5.	照相机	(N.)	zhàoxiàngjī	camera
6.	胶卷	(N.)	jiāojuǎn	film (for taking photos or making movies)
7.	旅游	(V.)	lǚyóu	to tour
8.	如果	(Conj.)	rúguǒ	if

Cultural notes

1. China is rich in both natural scenery and cultural relics. Some examples are: the six ancient capitals Beijing, Xi'an, Luoyang, Kaifeng, Nanjing, and Hangzhou; modern cities, such as Hong Kong, Shanghai, and Guangzhou; the scenery along the banks of the Yangzi River; the gardens of Suzhou; the tropical scenery of Southern China; the Confucian Temple at Qufu; cultural relics such as those found in the Dunhuang caves on the ancient "Silk Road"; the natural scenery of the Gobi Desert; the Turfan Basin and the Flaming Mountains; the beautiful and ancient city of Lhasa; Buddhist temples throughout the country; and the graceful Mount Huangshan, Mount Lu, Mount Tai, Lake Tai, the West Lake, the Lake of a Thousand Isles, and Sun Moon Lake. They all attract tourists from around the world.

* * *

2. In China, many people, particularly the elderly, are in the habit of doing physical exercise in the early morning in parks, athletic fields, or on lawns by the roadside. Many people also like to go out early in the morning to walk their caged birds out for fresh air.

If conditions permit, people like to grow flowers or raise birds, fish, cats, and dogs at home.

Even though more and more people like to raise dogs, the image of the dog in the Chinese language is usually not very flattering! It is very insulting to compare a person to a dog. In modern Chinese, most expressions containing the word "dog" are negative in connotation. For example:

1) zǒu gǒu: a lackey
2) kānjiā gǒu: a watchdog
3) húpéng-gǒuyǒu: unsavoury friends
4) lángxīn-gǒufèi: rapacious as a wolf and savage as a cur; cruel and unscrupulous, ungrateful
5) fàng gǒu-pì: rubbish, nonsense, baloney

6) tōujī-mōgǒu: to do something secretly, covertly

7) gǒují-tiàoqiáng: when a dog is desperate, it will jump over a wall; a cornered animal or person will take desperate measures

8) guà yángtóu mài gǒuròu: to display a sheep's head while actually selling dog meat; to sell something inferior to that which is being advertised; the appearance is better than the content

9) mài gǒupí gāoyào: literally, to sell dog skin plasters; to sell quack remedies; forcing people to accept things they don't want or need

10) gǒu zuǐli tǔ-bu-chū xiàngyá: a dog's mouth can't produce ivory; a filthy mouth cannot utter decent words; we can't expect anything from a dog's mouth but a bark

11) gǒu ná hàozi, duō guǎn xiánshì: a dog trying to catch mice; too meddlesome; poking one's nose into other people's business

Dì-shí Kè　Tā Qù Yīyuàn le

第十课　她去医院了

Lesson 10　She Has Gone to the Hospital

- Wáng Yīng hái méi lái, bié de tóngxué dōu lái le.
  王英还没来，别的同学都来了。
  Wang Ying hasn't come yet. All of the others are here.

- Xiànzài tā kěnéng zhèngzài chī zǎofàn.
  现在她可能正在吃早饭。
  Maybe she is having breakfast now.

- Nǐ shì bu shì chīle bù gānjìng de dōngxi?
  你是不是吃了不干净的东西？
  Have you eaten something dirty?

- Jīntiān zǎoshang wǒ chīle jǐ piàn miànbāo, hēle yì bēi niúnǎi.
  今天早上我吃了几片面包，喝了一杯牛奶。
  I had a few slices of bread and a glass of milk this morning.

词语　Cíyǔ　Words and Phrases

1.	大家	(Pron.)	dàjiā	everybody
2.	还	(Adv.)	hái	still, yet
3.	没（有）	(Adv.)	méi(yǒu)	not
4.	住	(V.)	zhù	to live
5.	宿舍	(N.)	sùshè	dormitory
6.	天 / 日	(M.W.)	tiān/rì	day
7.	餐厅	(N.)	cāntīng	dining hall / room
8.	早饭	(N.)	zǎofàn	breakfast

9.	可能	(Adv. & Adj.)	kěnéng	maybe, possible
10.	正在	(Adv.)	zhèngzài	*key word for progressive actions*
11.	在	(Adv.)	zài	*key word for progressive actions*
12.	睡觉	(V.O.)	shuì jiào	to sleep, go to bed
13.	肯定	(Adj.)	kěndìng	sure, surely, definitely, certain
14.	已经	(Adv.)	yǐjing	already
15.	起床	(V.O.)	qǐ chuáng	to get up
	起	(V.)	qǐ	up
	床	(N.)	chuáng	bed 张
16.	错	(Adj.)	cuò	wrong
17.	医院	(N.)	yīyuàn	hospital
18.	病	(V. & N.)	bìng	to be ill, sickness
19.	舒服	(Adj.)	shūfu	comfortable

*　*　*　*　*

20.	医生	(N.)	yīshēng	doctor
21.	肚子	(N.)	dùzi	stomach
22.	疼	(Adj.)	téng	to ache
23.	干净	(Adj.)	gānjìng	clean
24.	片	(M.W.)	piàn	(measure word for something flat and thin; slice, piece)
25.	面包	(N.)	miànbāo	bread 个 块 片
26.	杯	(M.W.)	bēi	cup of…, glass of…
27.	牛奶	(N.)	niúnǎi	milk 杯
28.	不过	(Conj.)	búguò	but
29.	昨天	(T.W.)	zuótiān	yesterday
30.	请客	(V.O.)	qǐng kè	to treat, to entertain guests
31.	生鱼片		shēng yúpiàn	slices of raw fish, *sashimi*
	生	(Adj.)	shēng	raw, uncooked
	鱼片	(N.)	yúpiàn	slices of fish
32.	新鲜	(Adj.)	xīnxiān	fresh
33.	药	(N.)	yào	medicine
34.	着急	(Adj.)	zháojí	worry, to be anxious
35.	说完		shuō-wán	to (be) finish(ed) saying
	完	(V.)	wán	finish(ed)
36.	厕所	(N.)	cèsuǒ	washroom, toilet

课文 Kèwén Text

1.

This morning on the western shore of the Pacific Ocean, Ma Li and the others are in the classroom of a university. It's time for class, but Wang Ying hasn't come yet.

Lǎoshī: Dàjiā dōu lái le ma?
老 师：大家[1]都来了吗？

Mǎ Lì: Wáng Yīng hái méi lái, biéde tóngxué dōu lái le.
马 力：王 英还[2]没[3]来，别的同学都来了。

Lǎoshī: Wáng Yīng zěnme la?
老 师：王 英怎么啦？

Mǎ Lì: Bù zhīdao.
马 力：不知道。

Lǐqí: Tā zhù xuésheng sùshè, měi tiān zài xuéxiào cāntīng chī zǎofàn.
里 奇：她住[4]学生宿舍[5]，每天[6]在学校 餐厅[7]吃早饭[8]。

Tiánzhōng: Wǒ xiǎng, xiànzài tā kěnéng zhèngzài chī zǎofàn.
田 中：我想，现在她可能[9]正在[10]吃早饭。

Jīn Róngnán: Dàgài hái zài shuì jiào ne.
金容南：大概还在[11]睡觉[12]呢。

Lǐqí: Bù kěnéng, tā kěndìng yǐjīng qǐchuáng le.
里 奇：不可能，她肯定[13]已经[14]起床[15]了。

Zhāng Yuányuan: Nǐmen dōu cuò le. Wáng Yīng qù yīyuàn le.
张园园：你们都错[16]了。王 英去医院[17]了。

Lǎoshī: Zěnme, tā bìng le ma?
老 师：怎么，她病[18]了吗？

Zhāng Yuányuan: Tā yǒudiǎnr bù shūfu.
张园园：她有点儿不舒服[19]。

Notes:

（一）"天天在学校餐厅吃早饭"、"大概还在睡觉呢"

The first 在 is a preposition which introduces a place expression; the second is an adverb, indicating an action in progress.

天天 means 每天 (every day). The reduplication of the measure words indicates 每 (every, each). Other examples: "我们的老师个个都戴眼睛。" *Each of our teachers wears glasses.* "这些照片张张都很漂亮。" *Each of these pictures are beautiful.*

（二）"她怎么啦"

怎么，怎么样 and 怎么啦 are different. 怎么 is often used as an adverbial for asking about the manner; 怎么样 is often used as a predicate for inquiring about the situation. 怎么啦 indicates concern about the present situation, and has a tone of surprise.

E.g.

你们打算怎么去？	我们打算坐飞机去。
这些照片怎么样？	这些照片很漂亮。
他怎么啦？	他病了。

2.

Wang Ying is in the hospital.

Wáng Yīng: Yīshēng, wǒ dùzi téng.
王　英：医生[20]，我肚子[21]疼[22]。

Yīshēng: Nǐ shì bu shì chīle bù gānjìng de dōngxi?
医　生：你是不是吃了不干净[23]的东西？

Wáng Yīng: Méiyǒu a.
王　英：没有啊。

Yīshēng: Jīntiān zǎoshang chīle shénme?
医　生：今天早上吃了什么？

Wáng Yīng: Chīle jǐ piàn miànbāo, hēle yì bēi niúnǎi. ... Búguò, zuótiān wǎnshang péngyou qǐng kè, wǒmen qùle xuéxiào fùjìn dè yí ge fàndiàn, wǒ chīle hěn duō shēng yúpiàn.
王　英：吃了几片[24]面包[25]，喝了一杯[26]牛奶[27]。……不过[28]，昨天[29]晚上朋友请客[30]，我们去了学校附近的一个饭店，我吃了很多生鱼片[31]。

Yīshēng: Kěnéng shēng yúpiàn bú tài xīnxiān. Nǐ děi chī yào, hái děi...
医　生：可能生鱼片不太新鲜[32]。你得吃药[33]，还得……

Wáng Yīng: Duìbuqǐ...
王　英：对不起……

Yīshēng: Bié zháojí, wǒ hái méi shuō-wán ne. Nǐ děi chī yào, hái děi...
医　生：别着急[34]，我还没说完[35]呢。你得吃药，还得……

Wáng Yīng: Duìbuqǐ, cèsuǒ zài nǎr?
王　英：对不起，厕所[36]在哪儿？

Notes:

（一）“你是不是吃了不干净的东西”

是不是…… means “*is it or is it not the case?*” 是不是 is usually inserted between the subject and the predicate: S. 是不是 Pred.? E.g. 你是不是想买汽车？

是不是 can also be put at the beginning or the end of the sentence: 是不是 ...? / ..., 是不是？E.g. 是不是你想买汽车？/ 你想买汽车，是不是？

（二）“几片面包”

“*A few slices of bread.*” Here, 几 is not a question word. It means “*several, a few.*”

语法 Yǔfǎ Grammar

The Particle 了 (le) Indicating Completion of Action

In addition to indicating change, 了 is put after a verb to show completion of an action or the realization of an event:

E.g.

(1) 她已经来了。

(2) 我昨天吃了很生鱼片。

To get the negative form, add 没（有）before the verb and omit 了.

E.g.

(1) 她还没来。

(2) 我昨天没吃生鱼片。

For the interrogative form, use: … 吗？/ …V. 没 V. …？/ … 了没有？

E.g.

(1) 王英来了吗？

(2) 王英来没来？

(3) 王英来了没有？

Note:

If 了 follows a verb which has an object, a numeral or an attributive is usually placed before the object.

E.g.

(1) 我今天早上吃了几片面包，喝了一杯牛奶。

(2) 我昨天吃了很多生鱼片。

在 (zài) and 正在 (zhèngzài) Indicating Ongoing Actions

In order to indicate an ongoing action, the adverb 在 or 正在 is used before the verb.

E.g.

(1) 你在干什么？

(2) 我在看书。

(3) 她可能还在睡觉呢。

(4) 我们正在上课。

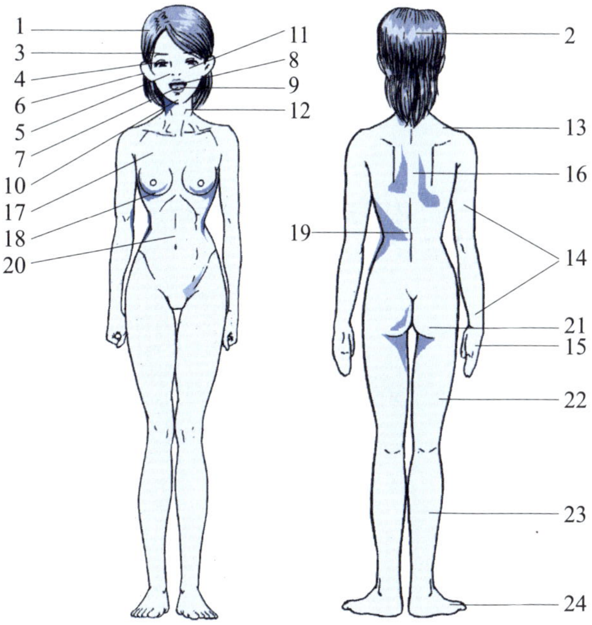

gēbo = arm

1. 头 tóu (head)	2. 头发 tóufa (hair)	3. 眉毛 méimao (eyebrow)
4. 眼睛 yǎnjing (eye)	5. 鼻子 bízi (nose)	6. 耳朵 ěrduo (ear)
7. 嘴巴 zuǐba (mouth)	8. 牙齿 yáchǐ (teeth)	9. 舌头 shétou (tongue)
10. 下巴 xiàba (chin)	11. 脸 liǎn (face)	12. 脖子 bózi (neck)
13. 肩膀 jiānbǎng (shoulder)	14. 手臂 shǒubì (arm)	15. 手 shǒu (hand)
16. 背 bèi (back)	17. 胸 xiōng (chest)	18. 乳房 rǔfáng (breast)

19. 腰 yāo (waist)
20. 肚子 dùzi (abdomen)
21. 屁股 pìgu (buttocks)
22. 大腿 dàtuǐ (thigh)
23. 小腿 xiǎotuǐ (calf)
24. 脚 jiǎo (feet)

Words for Reference

1.	身体	(N.)	shēntǐ	body, health
2.	食堂	(N.)	shítáng	dining hall, cafeteria
3.	午饭	(N.)	wǔfàn	lunch
4.	晚饭	(N.)	wǎnfàn	supper
5.	迟到	(V.)	chídào	to be late
6.	大夫	(N.)	dàifu	doctor, physician
7.	脏	(Adj.)	zāng	dirty
8.	打针	(V.O.)	dǎ zhēn	to give or to get an injection
9.	洗手间	(N.)	xǐshǒujiān	washroom, toilet
10.	卫生间	(N.)	wèishēngjiān	bathroom, toilet

English Translation of the Texts 1 – 10

Lesson 1

1.

(Bai Xiaohang, a girl from China, and Wang Ying, a Canadian girl of Chinese ancestry, study in the same university, This is their first meeting.)

Bai Xiaohong:	Hello.
Wang Ying:	Hello.
Bai Xiaohong:	What's your surname?
Wang Ying:	My surname is Wang. And yours?
Bai Xiaohong:	Bai is my surname.
Wang Ying:	Are you Canadian?
Bai Xiaohong:	No, I'm not. I'm Chinese. Are you Canadian or not?
Wang Ying:	I'm Canadian.

2.

(Ma Li, Wang Ying and Jiang Shan just started to learn Chinese. Zhang Lin is their Chinese teacher.)

Students:	Hello, teacher.
Teacher Zhang:	Hello, students.
Ma Li:	Are you our teacher Lin?
Teacher Zhang:	No, I'm not. I'm your teacher Zhang. My surname is Zhang. My name is Zhang Lin. What's your name?
Ma Li:	My name is Ma Li.
Teacher Zhang:	What is your nationality?
Ma Li:	I'm Australian.
Teacher Zhang:	(to Jiang Shan) How about you?
Jiang Shan:	My name is Jiang Shan. I'm American.
Teacher Zhang:	(to Wang Ying) Are you also American?
Wang Ying:	No, I'm not American. I'm Canadian.
Teacher Zhang:	Do you speak English or French?
Wang Ying:	I speak English. We all speak English. Do you speak English, Teacher Zhang?
Teacher Zhang:	I don't speak English. I only speak Chinese.

Lesson 2

1.

(Jack, an employee in a company. One day he meets Bai Xiaohong on a plane.)

Jack:	Hello. My name is Jack.
Bai Xiaohong:	Hello. My name is Bai Xiaohong.
Jack:	Glad to meet you.
Bai Xiaohong:	Glad to meet you, too.
Jack:	I work in an import and export corporation. How about you?
Bai Xiaohong:	I study in the Dept. of East Asian Studies, Lincoln Univ.

Jack:	May I telephone you?
Bai Xiaohong:	Yes, please. My telephone number is 2157098.
Jack:	May I send an e-mail to you?
Bai Xiaohong:	Yes, please.

2.

(Jiang Shan, and his girlfriend Zhang Yuanyuan are invited to Ding Hansheng's home.)

Jiang Shan:	This is my girlfriend, Zhang Yuanyuan.
Ding Hansheng:	Come in, please.
Zhang Yuanyuan:	Thank you.
Ding Hansheng:	Sit down, please.
Jiang Shan:	Thank you.
Ding Hansheng:	Would you like a cup of tea?
Zhang Yuanyuan:	Yes, thank you.
Ding Hansheng:	Where do you study?
Zhang Yuanyuan:	I study at the Dept. of East Asian Studies, Eastern College in the U. K.
Ding Hansheng:	Oh! What do you think of that college?
Zhang Yuanyuan:	Very nice. It is very big and beautiful. I like it very much.

Lesson 3

1.

(Bai Xiaohong and Ding Hansheng have just met each other. By chance, both of them come from Guangdong Province of China.)

Bai Xiaohong:	Where are you from?
Ding Hansheng:	I'm from Guangdong Province. What about you?
Bai Xiaohonmg:	I'm from Guangdong Province, too.
Ding Hansheng:	Are you alone here?
Bai Xiaohong:	Yes, I am. How about you?
Ding Hansheng:	My family is here.
Bai Xiaohong:	How many people are there in your family?
Ding Hansheng:	There are five: Father, Mother, my wife and I, and a child.
Bai Xiaohong:	A boy or a girl?
Ding Hansheng:	A girl.
Bai Xiaohong :	How old is she?
Ding Hansheng:	Two.
Bai Xiaohong:	She must be very cute.
Ding Hansheng:	Yes, very cute.

2.

(Jack's company intends to send Jack to China, so he wants to learn Chinese at a university in his spare time.)

Jack:	How many students are there in your university?
Zhang Lin:	I think there are about thirty thousand students.
Jack:	Are there any students studying Chinese?

Zhang Lin:	There are many students studying Chinese.
Jack:	About how many?
Zhang Lin:	A thousand or so.
Jack:	I want to study Chinese at your university, too.
Zhang Lin:	Why do you want to study Chinese?
Jack:	We have a branch company in China. My boss wants me to work there.

Lesson 4

1.

(Jiang Shan wants to borrow a map of China from Bai Xiaohong.)

Jiang Shan:	Do you have a map of China?
Bai Xiaohong:	Yes, I have two. One is in Chinese, the other is in English.
Jiang Shan:	May I have a look?
Bai Xiaohong:	Yes, of course. Do you want the Chinese one or the English one?
Jiang Shan:	I want the English one.
Bai Xiaohong:	Here you are. This map is in English.
Jiang Shan:	Thank you.
Bai Xiaohong:	Why do you want to look at the map of China? You are planning to go to China, aren't you?
Jiang Shan:	Yes, I want to take a trip to Beijing.
Bai Xiaohong:	Good! (unfolding the map) Look. This is Beijing.
Jiang Shan:	I know.
Bai Xiaohong:	This is Shanghai.
Jiang Shan:	I know.
Bai Xiaohong:	This is Longshan.
Jiang Shan:	Longshan? I don't know it. Is it a big place?
Bai Xiaohong:	No. It's small. My home is there.
Jiang Shan:	This name is really interesting! Are there any dragons there?
Bai Xiaohong:	No dragons. Only mountains.

2.

(Jiang Shan and Ma Li are in the classroom.)

Ma Li:	What dictionary is this?
Jiang Shan:	It's a Chinese-English dictionary.
Ma Li:	What about that one?
Jiang Shan:	An English-Chinese dictionary.
Ma Li:	Are these two dictionaries yours?
Jiang Shan:	This Chinese-English dictionary is mine but that English-Chinese dictionary is not mine.
Ma Li:	Whose dictionary is it?
Jiang Shan:	I have no idea. I think it may be the teacher's.

(At this moment the teacher Mr. Zhang enters the classroom.)

Ma Li:	Excuse me, Mr. Zhang. Is this your dictionary?

Mr. Zhang: Yes, it's mine.
Ma Li: What do you think of this dictionary?
Mr. Zhang: It's very good and very useful.
Ma Li: May I borrow it?
Mr. Zhang: Of course.

Lesson 5

1.

(Jack is in China now. Today he goes to a shop to buy clothes. The salesperson, a young woman, greets him in English, but Jack responds in Chinese.)

Jack: Ni hao!
Miss: Oh, you can speak Chinese!
Jack: Yes, I can speak a little.
Miss: What do you want?
Jack: I want to buy a shirt. How much is this white shirt?
Miss: Four hundred and twenty eight yuan.
Jack: It's too expensive. What about that red one?
Miss: A hundred and sixty-five yuan. It's cheaper and looks better.
Jack: All right. I'll take that one.
Miss: What else do you want?
Jack: A pair of pants. May I try them on?
Miss: Of course.
… …
Miss: How do you like them?
Jack: They are too big.
Miss: Then try on these. They aren't so big.

2.

(Bai Xiaohong, Ding Hansheng, Jiang Shan, Ma Li, etc. are having dinner in a restaurant in China town.)

Miss: Sit down, please. … Have a cup of tea.
Ma Li, Jiang Shan, Bai Xiaohong, Ding Hansheng: Thanks.
Miss: What may I bring you?
Ma Li: Miss, what's the most delicious dish in your restaurant?
Miss: Fish in sweet and sour sauce.
Ma Li: O.K. We want the fish in sweet and sour sauce.
Jiang Shan: I like spicy food the most. (to Bai Xiaohong) Can you eat spicy food?
Bai Xiaohong: Yes, but only a little.
Jiang Shan: (to the waitress) O.K. I want to order sour-and-hot soup.
Miss: Right. Do you want any beef?
Jing Hansheng: Yes, of course. I would like to have beef in soysauce.
Miss: What else do you want?
Bai Xiaohong: Rice.
Ding Hansheng: Dumplings.
Miss: O.K. Wait a minute, please.

Lesson 6

1.

(Bai Xiaohong and the others are talking about what they are going to do during the weekend.)

Bai Xiaohong:	Tomorrow is Saturday. We won't have classes. What are you going to do?
Jiang Shan:	I'm going to work tomorrow.
Wang Ying:	I have an engagement tomorrow evening.
Bai Xiaoying:	What will you do during the day?
Wang Ying :	I'll stay at home and rest. How about you?
Bai Xiaohong:	I'm going to play ball. Will you go with me?
Ma Li:	I'll go with you.
Bai Xiaohong:	Great. Wang Ying, will you go?
Wang Ying:	No, I won't. I don't like playing ball.
Bai Xiaohong:	Then, what do you like?
Wang Ying:	I like watching TV at home.

2.

(Ma Li is making a phone call to invite Bai Xiaohong to drink coffee. Bai Xiaohong Answers the telephone.)

Bai Xiaohong:	Hello.
Ma Li:	Is that Xiaohong?
Bai Xiaohong:	Yes, who is calling?
Ma Li:	This is Ma li.
Bai Xiaohong:	Hi Ma li. What's up?
Ma li:	I would like to invite you to go and have coffee together.
Bai xiaohong:	When?
Ma Li:	This evening. It that OK?
Bai Xiaohong:	But I cannot have coffee with you this evening. I'm busy.I will go see a friend and have to do my homework. I'm sorry.
Ma Li:	That's all right. How about tomorrow evening?
Bai Xiaohong:	I am free tomorrow evening. What time?
Ma Li:	Will 8:30 P.M. be O.K.?
Bai Xiaohong:	All right. Where shall we meet?
Ma Li:	I will pick you up at 8:15 P.M. tomorrow evening.
Bai Xiaohong:	That's good. Thank you.
Ma Li:	See you then.
Bai Xiaohong:	See you.

Lesson 7

1.

(Ding Hansheng and Jiang Shan are chatting. Jiang Shan is going to travel to China with his girlfriend.)

Ding Hansheng:	When will you take your vacation?
Jiang Shan:	During the last ten days of April.
Ding Hansheng:	What are you going to do during the vacation?

Jiang Shan:	I'm going to travel to China.
Ding Hansheng:	You will go to many places, won't you?
Jiang Shan:	Yes, I'll go to Beijing, Shanghai, Sichuan, Yunnan...
Ding Hansheng:	When will you go?
Jiang Shan:	During the middle ten days or the last ten days of May.
Ding Hansheng:	When will you come back?
Jiang Shan:	I'll come back before July 1st.
Ding Hansheng:	Will you go alone?
Jiang Shan:	No, I'll go with my girlfriend. But, Our Chinese is poor. I am a little worried.
Ding Hansheng:	Don't worry. I have friends in Beijing, Shanghai and Sichuan. You can ask them for help.

2.

(Jack works and studies Chinese in Beijing. Today he goes to visit his Chinese teacher --- Miss Wang.)

Jack:	Excuse me. May I come in?
Teacher:	Who do you want to see?
Jack:	I want to see Teacher Wang.
Teacher:	Which one? There are two teachers named Wang here.
Jack:	I don't know her name. She is a female.
Teacher:	All the teachers here are females.
Jack:	She wears glasses.
Teacher:	All the teachers here wear glasses.
Jack:	She is thin and tall with long hair and wears a pair of jeans.
Teacher:	Oh. You mean Wang Huan. She has just gone out.
Jack:	When will she be back?
Teacher:	I don't know. Please come back in a little while.

Lesson 8

1.

(Jiang Shan and his girlfriend are travelling in China. After they have arrived in the city they look for a bank and a post office.)

Jiang Shan:	Excuse me. Is there a bank nearby?
Pedestrian:	Yes, there is a Bank of China nearby.
Jiang Shan:	Is it far away or not?
Pedestrian:	It's not too far away.
Jiang Shan:	How can I get there?
Pedestrian:	Go ahead, then turn right, and go straight for two blocks. The bank is right there.
Jiang Shan:	Is there a post office nearby?
Pedestrian:	Yes, there is. The post office is just beside the bank.
Jiang Shan:	Thank you very much.
Pedestrian:	You are welcome.

2.

(Jiang Shan and Zhang Yuanyuan are talking about how to go downtown from a university campus.)

Jiang Shan:	Now how can we go downtown?

Zhang Yuanyuan: Someone told me that we can get there by subway.
Jiang Shan: Do you know how to get there?
Zhang Yuanyuan: No, I don't.
Jiang Shan: Let's ask directions.
(Asking a college student passing by.)
Zhang Yuanyuan: Excuse me. How can we go downtown?
Student: You can take the No.139 bus and get off at the fifth stop, then change to the subway and get off at the second stop. It is right there.
Zhang Yuanyuan: Is the subway stop far away from the bus stop?
Student: No, it isn't far. When you get off the bus, you turn right and cross the street and the subway stop is right there.
Jiang Shan: Can we get there by bike?
Student: No, you can't. It is too far.

Lesson 9

1.

(On the eastern shore of the Pacific Ocean, Jiang Shan and the others are still studying at a university. Their Chinese is getting better and better. Today Jiang Shan goes to see Ding Hansheng. Now he is chatting with Ding Hansheng's father.)
Jiang Shan: Sir, this dog is very cute.
Old man: Yes, it is. I've grown flowers and raised birds before, but I didn't like raising dogs. Since coming here, I've found that the people here are all fond of raising dogs, so now I raise dogs, too.
Jiang Shan: I heard that in Chinese cities people are not allowed to raise dogs. Is that true?
Old man: It was not permitted before, but now it is allowed. Some people like raising dogs; some like raising cats; some like raising birds; and some like raising fish. Do you like raising small animals too?
Jiang Shan: I like small animals, but I don't raise small animals.
Old man: Why not? Is it too troublesome?
Jiang Shan: No, it's because I don't have the time, or the money. I can only raise myself.

2.

(Having just come back from China, Jack is going to Beijing again on business. He is saying goodbye to Bai Xiaohong.)
Bai Xiaohong: I hear that you're going to Beijing. Is it true?
Jack: Yes, my company is sending me to Beijing on business.
Bai Xiaohong: When are you leaving?
Jack: Next Wednesday.
Bai Xiaohong: You must be very familiar with Beijing by now?
Jack: Of course. Look at these photos. This is the Imperial Palace, this is the Summer Palace…
Bai Xiaohong: Have you ever climbed the Great Wall?

Jack: "You're not a true man if you haven't conquered the Great Wall." How could I not climb the Great Wall?

Bai Xiaohong: Have you been to any other cities?

Jack: Shanghai, Xi'an, Chengdu...I've been to all these cities. But there is still one place I haven't visited.

Bai Xiaohong: Which place?

Jack: Your home.

Bai Xiaohong: You are welcome to visit. If you want to go, I can accompany you. But you have to pay for my plane ticket.

Lesson 10

1.

(This morning on the western shore of the Pacific Ocean, Ma Li and the others are in the classroom of a university. It's time for class, but Wang Ying hasn't come yet.)

Teacher: Has everybody come now?

Ma Li: Wang Ying hasn't come yet. All of the others are here.

Teacher: What's happened to Wang Ying?

Ma Li: I don't know.

Liqi: She lives in the dormitory. Every morning she eats breakfast in the dining hall.

Ma Li: I think she might be having breakfast right now.

Jin Rongnan: Maybe she's still sleeping.

Liqi: That's not possible. She has definitely gotten up.

Zhang Yuanyuan: You're all wrong. Wang Ying has gone to the hospital.

Teacher: What's wrong; is she sick?

Zhang Yuanyuan: She feels a bit uncomfortable.

2.

(Wang Ying is in the hospital.)

Wang Ying: Doctor, my stomach aches.

Doctor: Have you eaten anything dirty?

Wang Ying: No, I haven't.

Doctor: What did you have this morning?

Wang Ying: A few slices of bread and a glass of milk.... But last night my friend treated us to dinner. We went to a restaurant near the campus. I ate many slices of raw fish.

Doctor: Maybe the fish wasn't very fresh. You must take medicine and....

Wang Ying: Excuse me...

Doctor: Calm down. I'm not finished talking yet. You must take medicine and...

Wang Ying: Excuse me, where's the toilet?

Dì-shíyī Kè　Tāmen Shì Shénme Shíhou Lái de

第十一课　他们是什么时候来的

Lesson 11　When Did They Come?

Nǐ zuótiān mǎi de nà zhāng xīn dìtú, néng bu néngjiè wǒ yòng yíxià?
- 你昨天买的那张新地图，能不能借我用一下？
Could you lend me the new map that you bought yesterday?

Tāmen shì shénme shíhou lái de?
- 他们是什么时候来的？
When did they come?

Zhè běn shū shì shénme shíhou jiè de?
- 这本书是什么时候借的？
When did you borrow the book?

词语 Cíyǔ Words and Phrases

1.	新	(Adj.)	xīn	new
2.	借	(V.)	jiè	to borrow, to lend
3.	房间	(N.)	fángjiān	room
4.	拿	(V.)	ná	to hold, take, bring
5.	历史	(N.)	lìshǐ	history
6.	博物馆	(N.)	bówùguǎn	museum
7.	父母亲		fùmǔqin	parents
	父亲	(N.)	fùqin	father
	母亲	(N.)	mǔqin	mother

8.	先	(Adv.)	xiān	first
9.	火车	(N.)	huǒchē	train
10.	第		dì	(prefix for ordinal numbers)
11.	次	(M.W.)	cì	(measure word for frequency; number of times)
12.	经济	(N.)	jīngjì	economy
13.	文化	(N.)	wénhuà	culture
14.	对……感兴趣 / 有兴趣		duì...gǎn xìngqù/yǒu xìngqù	be interested in
	兴趣	(N.)	xìngqù	interest
15.	中国通		Zhōngguótōng	an expert on China

* * * * *

16.	下课	(V.O.)	xià kè	to finish class, get out of class
17.	图书馆	(N.)	túshūguǎn	library
18.	还	(V.)	huán	to return
19.	写	(V.)	xiě	to write
20.	生意	(N.)	shēngyi	business
21.	不错	(Adj.)	búcuò	not bad, pretty good
22.	应该	(Op.V.)	yīnggāi	should, ought to
23.	恐怕	(Adv.)	kǒngpà	I'm afraid that.., maybe, probably
24.	过期	(V. O.)	guò qī	overdue
25.	快	(Adj.)	kuài	fast, quick (ly)
26.	罚款	(V. O.)	fá kuǎn	impose a fine
	罚	(V.)	fá	to punish, penalize
	款	(N.)	kuǎn	a sum of money
27.	规定	(N. & V.)	guīdìng	rules, to regulate, stipulate
28.	这么	(Adv.)	zhème	like this, this way
29.	厉害	(Adj.)	lìhai	severe, fierce
30.	算了		suàn le	let it go, forget it

Supplementary Words

31.	那么	(Adv.)	nàme	like that, that way
32.	参观	(V.)	cānguān	to visit, look around

Proper Names

33.	香港	Xiānggǎng	Hong Kong

课文 Kèwén Text

1.

On the campus of a Chinese university Ma Li and Gao Yifei meet at the dormitory gate one Saturday morning.

Gāo Yīfēi: Zǎofàn chī le ma?
高一飞：早饭吃了吗？

Mǎ Lì: Hái méiyǒu ne. Ò, duì le, nǐ zuótiān mǎi de nà zhāng xīn dìtú, néng bu néng jiè wǒ yòng yíxià?
马　力：还没有呢。哦，对了，你昨天买的那张新[1]地图，能不能借[2]我用一下？

Gāo Yīfēi: Xíng a, dào wǒ fángjiān qù ná ba. Zěnme, nǐ yào chūqù?
高一飞：行啊，到我房间[3]去拿[4]吧。怎么，你要出去？

Mǎ Lì: Chīle zǎofàn, wǒ yào péi wǒ bàmā qù Lìshǐ Bówùguǎn.
马　力：吃了早饭，我要陪我爸妈去历史[5]博物馆[6]。

Gāo Yīfēi: Nǐ fùmǔqin lái le?
高一飞：你父母亲[7]来了？

Mǎ Lì: Shì a.
马　力：是啊。

Gāo Yīfēi: Tāmen shì shénme shíhou lái de?
高一飞：他们是什么时候来的？

Mǎ Lì: Shàng ge xīngqī.
马　力：上个星期。

Gāo Yīfēi: Shì cóng Àodàlìyà lái de ma?
高一飞：是从澳大利亚来的吗？

Mǎ Lì: Bú shì. Tāmen xiān qùle Xiānggǎng, ránhòu qùle Běijīng, shàng ge xīngqī cóng Běijīng zuò huǒchē lái de.
马　力：不是。他们先[8]去了香港，然后去了北京，上个星期从北京坐火车[9]来的。

Gāo Yīfēi: Tāmen yǐqián méi láiguo Zhōngguó ba?
高一飞：他们以前没来过中国吧？

Mǎ Lì: Bù, láiguo, zhè yǐjīng shì dì-liù cì le. Tāmen duì Zhōngguó de jīngjì, wénhuà fēicháng gǎn xìngqù.
马　力：不，来过，这已经是第[10]六次[11]了。他们对中国的经济[12]、文化[13]非常感兴趣[14]。

Gāo Yīfēi: À, shì liǎng wèi "Zhōngguótōng".
高一飞：啊，是两位"中国通[15]"。

Notes:

（一）"吃了早饭，我要陪我爸妈去历史博物馆"

This means "吃了早饭以后，我要陪我爸妈去历史博物馆." "V1 了 ...(以后)V2..." indicates that the second action happens after the first action has finished.

（二）"——他们以前没来过中国吧？
——不，来过。"

不 is an answer to the person who is making a conjecture. It means "*you are wrong in saying so*." 来过 is a statement confirming a fact. Note that the way to answer a negative question in Chinese is different from English.

2.

Ma Li is walking to the library, while Wang Ying is coming back from the classroom after class. They meet on the way.

Mǎ Lì: Xià kè la?
马　力：下课[16]啦？

Wáng Yīng: Xià kè le. Nǐ qù nǎr?
王　英：下课了。你去哪儿？

Mǎ Lì: Qù túshūguǎn huán shū.
马　力：去图书馆[17]还[18]书。

Wáng Yīng: Shénme shū?
王　英：什么书？

Mǎ Lì: Yì běn Měiguórén xiě de shū, shūmíng jiào "Zěnme gēn Zhōngguórén zuò shēngyi".
马　力：一本美国人写[19]的书，书名叫《怎么跟中国人做生意[20]》。
Nǐ kànguo ma?
你看过吗？

Wáng Yīng: Tīngshuōguo, méi kànguo. Zhè běn shū zěnmeyàng?
王　英：听说过，没看过。这本书怎么样？

Mǎ Lì: Hěn búcuò. Nǐ yě yīnggāi kànkan.
马　力：很不错[21]。你也应该[22]看看。

Wáng Yīng: Nà nǐ bié huán le, gěi wǒ kàn yíxià.
王　英：那你别还了，给我看一下。

Mǎ Lì: Kǒngpà bùxíng. Jiù yào guò qī le.
马　力：恐怕[23]不行。就要过期[24]了。

Wáng Yīng: Zhè běn shū shì shénme shíhou jiè de?
王　英：这本书是什么时候借的？

Mǎ Lì: Shàng ge yuè èrshí hào. Kuài yí ge yuè le.
马　力：上个月二十号。快[25]一个月了。

Wáng Yīng: Guòle qī huì fá kuǎn ba?
王　英：过了期会罚款[26]吧？

Mǎ Lì: Nà dāngrán. Túshūguǎn yǒu guīdìng, yàoshi guò qī bù huán, měi tiān fá yí kuài qián.
马　力：那当然。图书馆有规定[27]，要是过期不还，每天罚一块钱。

Wáng Yīng: Wā, zhème lìhai! Nà suàn le, nǐ kuài diǎnr qù huán ba.
王　英：哇，这么[28]厉害[29]！那算了[30]，你快点儿去还吧。

Notes:

(一)"下课啦"

啦 here is a fusion of the words 了 and 啊.

(二)"快一个月了"

This means "*nearly one month*".

(三)"过了期会罚款吧？"

Here 会 indicates the possibility. Another example: 这么晚了，我想他不会来了。

语法 Yǔfǎ Grammar

是……的 (shì...de)

The structure 是……的 is used when both parties know that an action has taken place, but the speaker needs to point out when, where and how it took place. 是 can be omitted in this pattern.

（是）+ when / where / how... + V. + 的

E.g.
A: 你看，这件衬衫怎么样？
B: 不错。你（是）什么时候买的？
A: 我（是）昨天买的。
B: 你（是）在哪儿买的？
A: 我（是）在我家旁边的一个小商店买的。
B:（是）多少钱买的？
A: 九十块。

If the verb is followed by an object, the object normally follows 的, but sometimes precedes 的.
今天我（是）早上六点起的床。
今天我（是）早上六点起床的。

Verb Phrases and Clauses Used As Attributives

Verbs, verb phrases, and clauses can be used as attributives, just like nouns, adjectives, and numerals. But, when used for this purpose, they must be followed by 的 .

E.g.
(1) 你去过的地方真多啊！
(2) 这是我昨天买的衬衫。
(3) 我工作的地方离这儿很远。
(4) 这些都是我在中国拍的照片。
(5) 这是喝茶的杯子，那是喝咖啡的杯子。

Topicalization

Chinese is a topic-prominent language. Normally, the preceding part of a sentence is a specific element functioning as the topic, while the subsequent part is the declaration, or the comment on it. In the following examples, the underlined parts are the topics:

(1) 我肚子疼。
(2) 她瘦瘦的，高高的，头发长长的。
(3) 你昨天买的那张新地图，能不能借我用一下？

The topic of a text or dialogue is usually found at the beginning of the sentence; for example:
A: 我想去买一张中国地图。
B: 中国地图我有，你要看吗？

Other examples:
A: 我从图书馆借了两本书，一本是《说什么》，一本是《怎么说》。
B:《说什么》我看过，很不错；《怎么说》我没看过，你能给我看看吗？

Sometimes the receiver of an action appears at the beginning of the sentence as the topic, while the doer does not appear. Thus, the voice seems to be passive. But in this kind of Chinese sentence, there is usually no special indication of subject/doer, unless its omission causes some misunderstanding. In fact, this kind of sentence also indicates the relation of the topic to its comment.

E.g.
(1) 早饭吃了吗？
(2) 这本书是什么时候借的？

Words for Reference

1.	超市	(N.)	chāoshì	supermarket
2.	访问	(V.)	fǎngwèn	to visit
3.	阅览室	(N.)	yuèlǎnshì	reading room
4.	办公室	(N.)	bàngōngshì	office
5.	教学楼	(N.)	jiàoxuélóu	classroom building
6.	学生证	(N.)	xuéshēngzhèng	student card
7.	借书证	(N.)	jièshūzhèng	library card (literally: book-borrowing card)

Cultural notes

"Nǐ hǎo!" is not a traditional Chinese greeting. It is now used mostly by the more educated people in cities. It would be rather monotonous if you always said "nǐ hǎo!" when greeting people. In actuality, the Chinese have many different ways of greeting people. The general principle is to use expressions that show concern for the people one encounter, according to the time of day and the specific situation. Sometimes the expression may be a greeting, but sometimes it seems more like a statement of obvious fact.

For example, suppose it is lunchtime and you run into a friend at the entrance to the library. You can say,

"Chīle ma?" (Have you eaten?) If you are walking into the dining hall just as your friend, who just finished eating, is leaving, you could say: "Chī-wán le?" (Finished eating?)

When you notice that your friend is just about to go out, you might say: "Qù nǎr a?" (Where are you going?) If your friend is a student, it should be obvious that he is going to class, so you might simply say, "Qù shàngkè ya?" (Going to class?) When you come across a friend who is just coming out of a classroom, you might say: "Xiàkè le?" (Finished your class?)

It may seem that questions like, "Finished eating?" or "Finished your class?" are rather unnecessary, but they are actually greetings.

Answers to these questions can be quite varied, too.

For example:

— Where are you going?

— Just going out. (chūqù yíxia)

Or just give a smile, a nod, or a vague gesture. You may, of course, give a detailed answer as to where you are going. It all depends on your relationship with the other person, the significance of where you are going, or whether you have time to stop to chat.

Another way of greeting someone is simply to directly address the person by name or title; this is also considered a form of greeting.

For example:

—Hey, Xiao Zhang! (Hèi, Xiǎo Zhāng!)

—Hi, Professor Wang! (Ài, Wáng lǎoshī!)

Dì-shí'èr Kè　Jīntiān Nǐ Chuān de Zhēn Piàoliang

第十二课　今天你穿得真漂亮

Lesson 12　You're Dressed So Beautifully Today

- Jīntiān nǐ chuān de zhēn piàoliang.
  今天你穿得真漂亮。
  You're dressed so beautifully today.

- Tā jiù shì nàge chànggē chàng de fēicháng hǎotīng de nǚháizi.
  她就是那个唱歌唱得非常好听的女孩子。
  She is the girl whose singing is so pleasant to hear.

- Zhù nǐ yuèláiyuè piàoliang, yuèláiyuè niánqīng.
  祝你越来越漂亮，越来越年轻。
  May you become prettier and prettier, and younger and younger.

- Wǒ ya, jiǔ hē de yuè duō, Hànyǔ jiù shuō de yuè liúlì.
  我呀，酒喝得越多，汉语就说得越流利。
  The more I drink, the more fluently I speak Chinese.

词语 Cíyǔ Words and Phrases

1.	得	(Part.)	de	
2.	外事	(N.)	wàishì	foreign affairs
3.	活动	(N. & V.)	huódòng	activity, to exercise
4.	见	(V.)	jiàn	to see, meet
5.	国家	(N.)	guójiā	country
6.	主席	(N.)	zhǔxí	chairman
7.	总统	(N.)	zǒngtǒng	president
8.	特别	(Adv. & Adj.)	tèbié	especially, special

9.	唱歌	(V. O.)	chàng gē	to sing
	唱	(V.)	chàng	to sing
	歌	(N.)	gē	song
10.	好听	(Adj.)	hǎotīng	pleasant to hear
11.	跳舞	(V. O.)	tiào wǔ	to dance
	跳	(V.)	tiào	to jump
	舞	(N.)	wǔ	dance
12.	优美	(Adj.)	yōuměi	graceful, fine
13.	去年	(T.W.)	qùnián	last year
14.	问题	(N.)	wèntí	question, problem
15.	晚	(Adj.)	wǎn	late

*　　*　　*　　*　　*

16.	祝	(V.)	zhù	to wish (expressing good wishes)
17.	生日	(N.)	shēngri	birthday
18.	快乐	(Adj.)	kuàilè	merry, happy
19.	送	(V.)	sòng	to give (something as a gift)
20.	礼物	(N.)	lǐwù	gift 件
21.	属	(V.)	shǔ	to be born in the year of (one of the twelve zodiacal animals)
22.	玉	(N.)	yù	jade 块
23.	咱们	(Pron.)	zánmen	we
24.	蛋糕	(N.)	dàngāo	cake
25.	字	(N.)	zì	character
26.	越来越……		yuèláiyuè...	more and more
27.	年轻	(Adj.)	niánqīng	young
28.	流利	(Adj.)	liúlì	fluent
29.	酒	(N.)	jiǔ	wine, liquor
30.	越……越……		yuè... yuè...	the more…the more…
31.	明白	(V. & Adj.)	míngbai	to understand, clear
32.	干杯	(V. O.)	gān bēi	to drink a toast, "cheers!"

Supplementary Words

33.	早	(Adj.)	zǎo	early
34.	好看	(Adj.)	hǎokàn	beautiful, good-looking
35.	回答	(V.)	huídá	to answer, reply

课文 Kèwén Text

1.

Ma Li encounters his classmate, Liqi, on the street.

Mǎ Lì: Jīntiān nǐ chuān de zhēn piàoliang a.
马　力：今天你穿得[1]真漂亮啊。

Lǐqí: Wǒ jīntiān yǒu "wàishì" huódòng.
里　奇：我今天有"外事[2]"活动[3]。

Mǎ Lì: Wàishì huódòng? Qù jiàn Zhōngguó guójiā zhǔxí, háishi Měiguó zǒngtǒng?
马　力：外事活动？去见[4]中国国家[5]主席[6]，还是美国总统[7]？

Lǐqí: Dōu bú shì. Qù jiàn wǒ nǚpéngyou de fùmǔqin. Zhè shì wǒ dì-yī cì qù tā jiā.
里　奇：都不是。去见我女朋友的父母亲。这是我第一次去她家。

Mǎ Lì: Nǐ nǚpéngyou shì shuí ya?
马　力：你女朋友是谁呀？

Lǐqí: Nǐ bù zhīdao? Jiù shì Xiǎo Zhāng a.
里　奇：你不知道？就是小张啊。

Mǎ Lì: Xiǎo Zhāng? Jiù shì nàge tèbié kě'ài, tèbié piàoliang de nǚháizi?
马　力：小张？就是那个特别[8]可爱、特别漂亮的女孩子？

Lǐqí: Shì a.
里　奇：是啊。

Mǎ Lì: Nàge chànggē chàng de fēicháng hǎotīng de nǚháizi?
马　力：那个唱歌[9]唱得非常好听[10]的女孩子？

Lǐqí: Shì a.
里　奇：是啊。

Mǎ Lì: Nàge tiào wǔ tiào de tèbié yōuměi de nǚháizi?
马　力：那个跳舞[11]跳得特别优美[12]的女孩子？

Lǐqí: Shì a.
里　奇：是啊。

Mǎ Lì: Tā shì nǐ nǚpéngyou?
马　力：她是你女朋友？

Lǐqí: Shì a.
里　奇：是啊。

Mǎ Lì: Nǐmen shénme shíhou rènshi de?
马　力：你们什么时候认识的？

Lǐqí: Qùnián. — Nǐ hái yǒu shénme wèntí?
里　奇：去年[13]。——你还有什么问题[14]？

Mǎ Lì: Méiyǒu le. Hài, wǒ ... tài wǎn le!
马　力：没有了。(to himself) 嗨，我……太晚[15]了！

Lǐqí: Tài wǎn le? Nǐ shénme yìsi?
里　奇：太晚了？你什么意思？

2.

At Xiao Zhang's birthday party

Gāo Yīfēi: Zhù nǐ shēngri kuàilè!
高一飞：祝[16]你生日[17]快乐[18]！

Xiǎo Zhāng: Xièxie!
小　张：谢谢！

Mǎ Lì: Zhè shì wǒ sòng gěi nǐ de yí jiàn xiǎo lǐwù. Nǐ shǔ lóng, sòng nǐ yì tiáo yù lóng.
马　力：这是我送[19]给你的一件小礼物[20]。你属[21]龙，送你一条玉[22]龙。

Xiǎo Zhāng: Āiyā, nǐ tài kèqi le, xièxie! Lái, zánmen chī dàngāo ba.
小　张：哎呀，你太客气了，谢谢！来，咱们[23]吃蛋糕[24]吧。

Mǎ Lì: Nǐ kàn, dàngāo shang xiě de shì shénme?
马　力：(to Gāo Yīfēi) 你看，蛋糕上写的是什么？

Gāo Yīfēi: Zhè bú shì "shēngri kuàilè" sì gè zì ma?
高一飞：这不是"生日快乐"四个字[25]吗？

Mǎ Lì: Ò, "shēngri kuàilè" ... Xiǎo Zhāng, zhù nǐ yuèláiyuè piàoliang, yuèláiyuè niánqīng, jīnnián èrshí, míngnián shíbā.
马　力：哦，"生日快乐"……小张，祝你越来越[26]漂亮，越来越年轻[27]，今年二十，明年十八。

Lǐqí: Jīntiān Mǎ Lì de Hànyǔ shuō de tèbié liúlì.
里　奇：今天马力的汉语说得特别流利[28]。

Mǎ Lì: Wǒ ya, jiǔ hē de yuè duō, Hànyǔ jiù shuō de yuè liúlì.
马　力：我呀，酒[29]喝得越[30]多，汉语就说得越[30]流利。

Xiǎo Zhāng: À, wǒ míngbai le, nǐ de yìsi shì —
小　张：啊，我明白[31]了，你的意思是——

Lǐqí: Tā hái xiǎng zài hē yì bēi.
里　奇：他还想再喝一杯。

Mǎ Lì: Hǎo ba. Lái, gānbēi!
马　力：好吧。来，干杯[32]！

Notes:

（一）"咱们吃蛋糕吧"

"咱们"＝我（们）＋你（们）

（二）"这不是'生日快乐'四个字吗"

"Aren't those the four characters for 'Happy Birthday'?"

"不是……吗" is a rhetorical question, implying "*it surely is…*"

（三）"今年二十，明年十八"

"This year you're twenty, but next year you'll be eighteen." This alludes to a well-known advertisement which goes, "*you are getting younger and younger, more and more beautiful.*"

（四）"酒喝得越多，汉语就说得越流利"

"The more I drink, the more fluently I speak Chinese."

越…越… means, " the more…, the more…" 越 is an adverb which must be placed in front of a verb or an adjective. It cannot precede the subject.

语法 Yǔfǎ Grammar

V. / Adj. + 得 (de) + Predicative Complement

To further describe an action or a state, a verb or an adjective may take a verb or adjective phrase as its complement. The complement provides information concerning the manner, result, degree, or evaluation of the action or the state. 得 is used as a connector between the verb/adjective and its complement. E.g.

(1) 他忙得没空吃饭。
(2) 昨天他来得很晚。
(3) 今天你穿得特别漂亮。
(4) 这本书写得非常有意思。

If the verb has an object, the object cannot just simply follow the verb, but must be placed before the complement, using one of the following patterns:

1. **V. O. + V. 得 + Predicative Complement**

E.g.

(1) 她唱歌唱得很好听。

(2) 她跳舞跳得很优美。

(3) 他说汉语说得很流利。

2. **O. + V. 得 + Predicative Complement**

E.g.

(1) 她歌唱得很好听。

(2) 她舞跳得很优美。

(3) 他汉语说得很流利。

Verb-Object Compounds

Some disyllabic or polysyllabic expressions are regarded as single verbs with all the syllables normally linked together, but sometimes, other elements may be inserted between the syllables. Strictly speaking, many of these compounds are not verbs but rather verb-object compounds. The following are all V-O compounds:

见面 请客 睡觉 唱歌 跳舞 上课 吃饭 喝酒……

For example, it seems that 见面 is a single verb, but 见 and 面 can actually be separated. 见 is the verb, while 面 is the object , and thus, 见面 itself cannot take an object. We can say any of the following:

(1) 我昨天跟他见面了。

(2) 我昨天跟他见了面。

(3) 我想跟你见一个面。

As for 跳舞 , we can say:

(1) 她跳了一个舞。

(2) 她跳舞跳得很优美。

(3) 她舞跳得很优美。

Or simply:

(4) 她跳得很优美。

Words for Reference

1.	女王	(N.)	nǚ wáng	queen
2.	总督	(N.)	zǒngdū	governor-general

3.	总理	(N.)	zǒnglǐ	prime minister
4.	首相	(N.)	shǒuxiàng	prime minister
5.	省长	(N.)	shěngzhǎng	premier (of a province)
6.	校长	(N.)	xiàozhǎng	principal (of a school), president (of a college or university)
7.	领导	(N.)	lǐngdǎo	leader
8.	打扮	(V.)	dǎban	to dress up, make-up
9.	帅	(Adj.)	shuài	handsome
10.	可惜	(Adj.)	kěxī	it's a pity
11.	好玩儿	(Adj.)	hǎowánr	amusing, interesting

Cultural notes

In Chinese tradition, there are 12 zodiacal animals (shí'èr shēngxiào) to mark a cycle of 12 years. The sequence of zodiacal animals is: rat (shǔ), ox (niú), tiger (hǔ), rabbit (tù), dragon (lóng), snake (shé), horse (mǎ), sheep (yáng), monkey (hóu), rooster (jī), dog (gǒu), and pig (zhū). When a person is born in a certain year, he or she " belongs to" (shǔ) that animal. For instance, people born in 1976, 1988, 2000, and 2012 come under the dragon year; those born in 1977, 1989, 2001, and 2013 come under the snake, and so on.

The 12 zodiacal animals are:

鼠 (shǔ) rat

牛 (niú) ox

虎 (hǔ) tiger

兔 (tù) rabbit

龙 (lóng) dragon

蛇 (shé) snake

马 (mǎ) horse

羊 (yáng) sheep

猴 (hóu) monkey

鸡 (jī) rooster

狗 (gǒu) dog

猪 (zhū) pig

paragraph 4 seasons → creative diff countries

Dì-shísān Kè Wǒ Jiāxiāng de Tiānqì Bǐ Zhèr Hǎo

第十三课 我家乡的天气比这儿好

Lesson 13 The Weather in My Hometown Is Better Than Here

- Wǒ jiāxiāng méiyǒu zhème rè.
  我家乡没有这么热。
  It's not so hot in my hometown.
- Wǒ jiāxiāng de xiàtiān bǐ zhèr liángkuai duō le.
  我家乡的夏天比这儿凉快多了。
  Summer in my hometown is much cooler than here.
- Nǐ jiāxiāng de tiānqì gēn zhèr yíyàng ma?
  你家乡的天气跟这儿一样吗?
  Is the weather in your hometown the same as here?
- Nà shíhou hěn shǎo xià yǔ, yě bù guāfēng, tiānqì hǎo jí le.
  那时候很少下雨,也不刮风,天气好极了。
  At that time, it doesn't rain much and it's not windy. The weather is very nice.

词语 Cíyǔ Words and Phrases

1.	热	(Adj.)	rè	hot
2.	天气	(N.)	tiānqì	weather
3.	预报	(V.)	yùbào	to forecast
4.	听	(V.)	tīng	to listen
5.	温度	(N.)	wēndù	temperature
6.	度	(M.W.)	dù	degree (a measure word for temperature, etc.)
7.	家乡	(N.)	jiāxiāng	hometown
8.	比	(Prep.)	bǐ	than

9.	更	(Adv.)	gèng	more
10.	夏天	(T.W.)	xiàtiān	summer
11.	凉快	(Adj.)	liángkuai	cool
12.	冬天	(T.W.)	dōngtiān	winter
13.	冷	(Adj.)	lěng	cold
14.	低	(Adj.)	dī	low
15.	左右	(Part.)	zuǒyòu	about, around, …or so
16.	暖气	(N.)	nuǎnqì	(central) heating
17.	暖和	(Adj.)	nuǎnhuo	warm

* * * * *

18.	一样	(Adj.)	yíyàng	the same
19.	差不多	(Adj.)	chàbuduō	about the same
20.	常常	(Adv.)	chángcháng	often
21.	滑雪	(V. O.)	huá xuě	to ski
	滑	(V. & Adj.)	huá	to slip, slippery
	雪	(N.)	xuě	snow
22.	游泳	(V. O.)	yóu yǒng	to swim
	游	(V.)	yóu	to swim
23.	春天	(T.W.)	chūntiān	spring
24.	短	(Adj.)	duǎn	short
25.	季节	(N.)	jìjié	season
26.	秋天	(T.W.)	qiūtiān	autumn, fall
27.	下雨	(V.O.)	xià yǔ	to rain
	雨	(N.)	yǔ	rain
28.	刮风	(V.O.)	guā fēng	wind (is) blowing, (to be) windy
	刮	(V.)	guā	to blow
	风	(N.)	fēng	wind
29.	……极了		...jí le	very, extremely
30.	枫叶	(N.)	fēngyè	maple leaf
31.	美丽	(Adj.)	měilì	beautiful

Supplementary Words

32.	晴天	(N.)	qíngtiān	sunny day
33.	多云	(Adj.)	duōyún	cloudy

34.	冰 (N.)	bīng	ice
35.	有的时候	yǒude shíhou	sometimes
	(有时候 / 有时)	(yǒushíhou / yǒushí)	

当代中文

课文 Kèwén Text

1.

Liqi and Gao Yifei are talking about the weather of their hometowns.

Lǐqí: Zhēn rè ya!
里　奇：真热[1]呀！

Gāo Yīfēi: Rè?
高一飞：热？

Lǐqí: Nǐ bú rè?
里　奇：你不热？

Gāo Yīfēi: Hái kěyǐ.
高一飞：还可以。

Lǐqí: Jīntiān de tiānqì yùbào nǐ tīngle méiyǒu?
里　奇：今天的天气[2]预报[3]你听[4]了没有？

Gāo Yīfēi: Tīng le. Zuì gāo wēndù sānshíyī dù, hái bú shì zuì rè de shíhou.
高一飞：听了。最高温度[5]三十一度[6]，还不是最热的时候。

Lǐqí: Xiànzài nǐ jiāxiāng de tiānqì zěnmeyàng? Yǒu zhème rè ma?
里　奇：现在你家乡[7]的天气怎么样？有这么热吗？

Gāo Yīfēi: Bǐ zhèr gèng rè. Nǐ jiāxiāng ne?
高一飞：比[8]这儿更[9]热。你家乡呢？

Lǐqí: Méiyǒu zhème rè. Wǒ jiāxiāng de xiàtiān bǐ zhèr liángkuai duō le.
里　奇：没有这么热。我家乡的夏天[10]比这儿凉快[11]多了。

Gāo Yīfēi: Nà dōngtiān ne?
高一飞：那冬天[12]呢？

Lǐqí: Bǐ zhèr lěng yìdiǎnr, zuì dī wēndù líng xià bā dù zuǒyòu.
里　奇：比这儿冷[13]一点儿，最低[14]温度零下八度左右[15]。

Gāo Yìfēi: Nàme lěng a.
高一飞：那么冷啊。

Lǐqí: Búguò, fángjiān li dōu yǒu nuǎnqì, fēicháng nuǎnhuo, yìdiǎnr yě bù lěng.
里　奇：不过，房间里都有暖气[16]，非常暖和[17]，一点儿也不冷。

Notes:

（一）“还可以”

还可以 indicates that the situation is not so bad; it is still tolerable.

（二）“最高温度三十一度”

This means “*31 degrees Celsius.*” In China, the Celsius system (shèshì) of indicating temperature is used, rather than the Fahrenheit system (huáshì).

（三）“一点儿也不冷”

一点儿 *(not) at all / (not) a bit*, is used for emphasis in a negative sentence. Other examples: 一点儿也不漂亮 / 一点儿也不知道 / 一点儿也没吃 .

2.

Wang Ying and Gao Yifei are talking about the weather of their hometowns.

Wáng Yīng: Nǐ jiāxiāng de tiānqì gēn zhèr yíyàng ma?
王　英：你家乡的天气跟这儿一样[18]吗？

Gāo Yìfēi: Chà bu duō. Dōngtiān hěn lěng, wǒmen chángcháng qù huá xuě; xiàtiān hěn rè, wǒmen chángcháng qù yóuyǒng. Nǐ jiāxiāng ne?
高一飞：差不多[19]。冬天很冷，我们常常[20]去滑雪[21]；夏天很热，我们常常去游泳[22]。你家乡呢？

Wáng Yīng: Wǒ jiāxiāng de tiānqì bǐ zhèr hǎo. Wǒmen de dōngtiān bǐ zhèr lái de wǎn, chūntiān bǐ zhèr lái de zǎo.
王　英：我家乡的天气比这儿好。我们的冬天比这儿来得晚，春天[23]比这儿来得早。

Gāo Yīfēi: Yě jiù shì shuō, dōngtiān bǐjiào duǎn.
高一飞：也就是说，冬天比较短[24]。

Wáng Yīng: Yě méiyǒu zhème lěng.
王　英：也没有这么冷。

Gāo Yīfēi: Xiàtiān ne?
高一飞：夏天呢？

Wáng Yīng: Méiyǒu zhème rè.
王　英：没有这么热。

Gāo Yīfēi: Shì ge hǎo dìfang.
高一飞：是个好地方。

Wáng Yīng: Shì a. Nǐ zuì xǐhuan shénme jìjié?
王　英：是啊。你最喜欢什么季节[25]？

Gāo Yīfēi: Qiūtiān. Nà shíhou hěn shǎo xià yǔ, yě bù guā fēng, tiānqì hǎo jí le.
高一飞：秋天[26]。那时候很少下雨[27]，也不刮风[28]，天气好极了[29]。

Wáng Yīng: Wǒ gēn nǐ yíyàng, yě xǐhuan qiūtiān. Nà shíhou, wǒ jiāxiāng de fēngyè dōu hóng le, měilì jí le.
王　英：我跟你一样，也喜欢秋天。那时候，我家乡的枫叶[30]都红了，美丽[31]极了。

Notes:

（一）"很少下雨"
Here, 很少 means "*seldom*".

（二）"美丽极了"
… 极了 is used in an exclamatory sentence to indicate a high degree.

语法 Yǔfǎ Grammar

Comparison

There are several ways to indicate comparison:

(1) **A 跟 B 一样**
E.g.
他跟我一样高。He is as tall as me.
我跟你一样，也喜欢秋天。I'm the same as you. I like autumn too.

(2) **A 比 B ……**
This can be subdivided into the following types:

A 比 B + Adj.

E.g.
他比我高。He is taller than me.
我家乡的天气比这儿好。The weather in his hometown is better than here.

Attention:

Logically the second example should be "我家乡的天气比这儿的天气好". But in the case with no ambiguity, the second 的天气 can be omitted. Another example is:
他的汉语比我流利。His Chinese is more fluent than mine.

A 比 B + Adj. 一点儿

E.g.
他比我高一点儿。He is a bit taller than me.

昨天比今天冷一点儿。 It was a bit colder yesterday than today.

A 比 B + Adj. 得多 / 多了

E.g.

他比我高得多。 He is much taller than me.

我家乡的夏天比这儿凉快多了。 Summer in my hometown is much cooler than here.

Attention: If there is a big difference between the two things being compared, " A 比 B... 得多 " or "A 比 B... 多了 " should be used. The pattern "A 比 B 很 / 非常 ..." is not correct.

A 比 B + 更 / 还 Adj.

E.g.

他比我更高。 He is even taller than me.

我家乡比这儿还热。 It is even hotter in my hometown than here.

Attention: The comparative sentence A 比 B + 更 / 还 Adj. means "*B is quite..., but A is even more...*".

A 比 B + V. + 得 + Adj.
A + V. 得 + 比 B + Adj.

E.g.

我们的冬天比这儿来得晚。/ 我们的冬天来得比这儿晚。

Winters in our hometown come later than here.

他（说汉语）说得比我好。/ 他（说汉语）比我说得好。

He speaks Chinese better than me.

(3) **A 有 / 没有 B（这么 / 那么）+ ……**

This can be subdivided into the following types:

A 有 / 没有 B（这么 / 那么）+Adj.

E.g.

昨天没有今天这么冷。 It was not as cold yesterday as it is today.

今天没有昨天那么暖和。 It is not as warm today as it was yesterday.

A + V. 得 + 有 / 没有 B（这么 / 那么）+Adj.
A + 有 / 没有 B + V. 得 +（这么 / 那么）+Adj.

E.g.
他（说汉语）说得没有我（这么）好。
他（说汉语）没有我说得（这么）好。
He does not speak Chinese as well as me.

Words for Reference

1.	冰天雪地		bīngtiān-xuědì	world of ice and snow
2.	四季如春		sìjì-rúchūn	(it's) like spring all year
3.	四季分明		sìjì-fēnmíng	the four seasons are quite distinctive
4.	摄氏	(N.)	shèshì	Celsius, centigrade
5.	华氏	(N.)	huáshì	Fahrenheit
6.	气温	(N.)	qìwēn	air temperature
7.	太阳	(N.)	tàiyáng	sun
8.	月亮	(N.)	yuèliang	moon
9.	星星	(N.)	xīngxing	star
10.	阴天	(Adj.)	yīntiān	overcast, cloudy

Cultural notes

In China, the climate is varied and complex, because the country's large landmass includes 5 different climate zones, namely, the sub-arctic, temperate, warm-temperate, sub-tropical, and tropical zones. The landscape is quite varied. In addition, some regions are far away from the ocean, some are coastal, and still others are influenced by seasonal winds. All of these differences contribute to the complexity of China's climate. In Heilongjiang Province in the northeast, for example, the summers are short and not very hot, while the winters are long and severely cold. In Taiwan, Hainan, Guangdong, Guangxi, and Yunnan Provinces in the south, there are no winters; the weather is warm and rainy, and the trees are always green. In the middle and upper reaches of the Yangzi River and all along the Huai River, it is cold in the winter and hot in the summer; the four seasons are distinct. In the inland areas of the northwest, it is dry all year; there are sandstorms, and there is a great difference between daytime and nighttimes temperatures. On the Qinghai-Tibetan Plateau, the air is thin and the mountains are covered with snow throughout the year.

The following is a table of the average temperatures (°C) and number of days with precipitation in the major cities of China:

City	Jan	Feb	Mar	Apr	May	June	July	Aug	Sept	Oct	Nov	Dec
Beijing	-4.7 2.1	-2.3 3.1	4.4 4.5	13.2 5.1	20.2 6.4	24.2 9.7	26.0 14.5	24.6 14.1	19.5 6.9	12.5 5.0	4.0 3.6	-2.8 1.6
Harbin	-19.7 6.8	-15.4 4.9	-5.1 6.2	6.1 6.9	14.3 10.3	20.0 12.6	22.7 16.3	21.4 13.4	14.3 12.0	5.9 7.2	-5.8 5.4	-15.5 5.9
Shanghai	3.3 9.0	4.6 10.2	8.3 13.1	13.8 13.5	18.8 15.0	23.2 13.1	27.9 11.4	27.8 10.0	23.8 11.6	17.9 8.4	12.6 9.1	6.2 8.6
Guangzhou	13.4 7.8	14.2 11.4	17.7 14.7	21.8 15.1	25.7 17.8	27.2 20.3	28.3 16.6	28.2 16.2	27.0 13.1	23.8 6.0	19.7 5.6	15.2 6.2
Urumuqi	-10.6 5.8	-9.8 5.6	-3.8 10.6	2.7 11.4	8.4 13.1	12.9 16.2	14.7 18.9	13.5 13.9	8.6 9.2	1.9 6.8	-5.5 7.4	-8.7 6.5
Kunming	7.8 4.1	9.8 3.9	13.2 5.0	16.7 5.5	19.3 11.4	19.5 18.9	19.9 21.3	19.2 21.1	17.6 15.2	15.0 16.1	11.5 6.9	8.3 4.6
Taibei	10.9 17	15.7 12	18.5 14	22.3 11	25.0 14	28.8 15	30.2 22	29.5 18	28.2 12	23.5 8	20.3 4	18.3 11

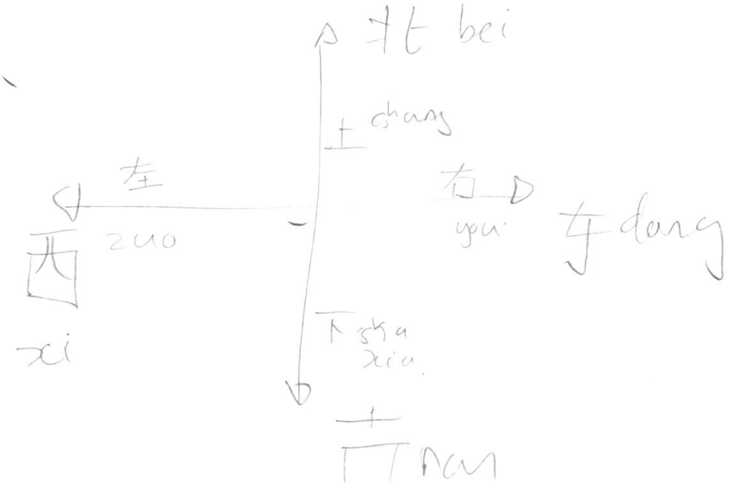

Dì-shísì Kè　　Wǒ Lǎojiā Zài Dōngběi

第十四课　我老家在东北

Lesson 14　My Hometown Is in the Northeast

- Wǒ jiā běibian shì shān, nánbian shì hé.
  我家北边是山，南边是河。
  There's a mountain on the north side of my home and a river on the south side.
- Nàr yídìng hěn rènao.
  那儿一定很热闹。
  It must be very lively there.
- Dàgài xūyào bàn ge xiǎoshí.
  大概需要半个小时。
  It takes about half an hour.
- Nǐ jiā lí hǎi yuǎn ma?
  你家离海远吗？
  Is your home far from the sea?

词语　Cíyǔ　Words and Phrases

1.	北方	(P.W.)	běifāng	north
2.	老家	(N.)	lǎojiā	hometown
3.	东北	(L.W.)	dōngběi	northeast
4.	农村	(N.)	nóngcūn	countryside
5.	北边(北面)	(L.W.)	běibian (běimiàn)	north side
6.	南边(南面)	(L.W.)	nánbian (nánmiàn)	south side
7.	河	(N.)	hé	river 条
8.	空气	(N.)	kōngqì	air

9.	环境	(N.)	huánjìng	environment, surroundings
10.	交通	(N.)	jiāotōng	transportation, traffic
11.	方便	(Adj.)	fāngbiàn	convenient
12.	一定	(Adv.)	yídìng	surely, definitely
13.	热闹	(Adj.)	rènao	bustling with noise and excitement, lively
14.	东边(东面)	(L.W.)	dōngbian (dōngmiàn)	east side
15.	西边(西面)	(L.W.)	xībian (xīmiàn)	west side
16.	车水马龙		chēshuǐ-mǎlóng	heavy traffic
17.	多(么)	(Adv.)	duō(me)	how
18.	吵	(Adj.)	chǎo	noisy
19.	死	(V.)	sǐ	die, dead

* * * * *

20.	东部	(P.W.)	dōngbù	east
21.	西部	(P.W.)	xībù	west
22.	层	(M.W.)	céng	storey
23.	楼	(N.)	lóu	building, floor
24.	地下室	(N.)	dìxiàshì	basement
25.	车库	(N.)	chēkù	garage
26.	院子	(N.)	yuànzi	yard
27.	树	(N.)	shù	tree
28.	开	(V.)	kāi	to drive, to open
29.	需要	(V. & N.)	xūyào	to need
30.	小时	(N.)	xiǎoshí	hour
31.	海	(N.)	hǎi	sea
	海边	(P.W.)	hǎibiān	seaside
32.	晚饭	(N.)	wǎnfàn	supper
33.	散步	(V.O.)	sàn bù	to take a walk

Supplementary Words

34.	南方	(L.W.)	nánfāng	south
35.	对面	(L.W.)	duìmiàn	opposite side

课文 Kèwén Text

1.

Gao Yifei and Xiao Zhang are talking about their hometowns.

Gāo Yīfēi: Nǐ dàgài shì běifāngrén ba?
高一飞：你大概是北方[1]人吧？

Xiǎo Zhāng: Shì a, wǒ lǎojiā zài dōngběi.
小 张：是啊，我老家[2]在东北[3]。

Gāo Yīfēi: Nǐ jiā zài chéngshì háishi zài nóngcūn?
高一飞：你家在城市还是在农村[4]？

Xiǎo Zhāng: Zài nóngcūn. Wǒ jiā běibian shì shān, nánbian shì hé.
小 张：在农村。我家北边[5]是山，南边[6]是河[7]。

Gāo Yīfēi: Nàyídìng kōngqì xīnxiān, huánjìng yōuměi, zhēn shì ge hǎo dìfang.
高一飞：那一定空气[8]新鲜，环境[9]优美，真是个好地方。

Xiǎo Zhāng: Hǎo shénme ya! Jiāotōng yìdiǎnr yě bù fāngbiàn. Nǐ jiā yě zài nóngcūn ma?
小 张：好什么呀！交通[10]一点儿也不方便[11]。你家也在农村吗？

Gāo Yīfēi: Bù, wǒ jiā zài shì zhōngxīn.
高一飞：不，我家在市中心。

Xiǎo Zhāng: Nàr yídìng hěn rènao.
小 张：那儿一定[12]很热闹[13]。

Gāo Yīfēi: Shì a, wǒ jiā dōngbian, xībian yǒu hěn duō shāngdiàn, hái yǒu bù shǎo fàndiàn,
高一飞：是啊，我家东边[14]、西边[15]有很多商店，还有不少饭店，
qiánmiàn shì mǎlù, cóng zǎo dào wǎn, chēshuǐ-mǎlóng.
前面是马路，从早到晚，车水马龙[16]。

Xiǎo Zhāng: Nà duō hǎo wa!
小 张：那多[17]好哇！

Gāo Yīfēi: Hǎo shénme! Chǎosǐ le!
高一飞：好什么！吵[18]死[19]了！

当代中文

Notes:

（一）“我老家在东北”

Note that the word order in Chinese directional expressions, “东北 (*northeast*)、东南 (*southeast*)、西北 (*northwest*)、and 西南 (*southwest*),” is opposite to that in English.

（二）“好什么”

This means “*not good*”.

（三）“那多好”

How nice it is! 多（么）…… is an exclamatory sentence that indicates a high degree.

（四）“吵死了”

“……死了” here is an exclamatory sentence that indicates a high degree.

2.

Li Xiaoyu, Ma Li's language partner, is chatting with Ma Li today.

Lǐ Xiǎoyǔ: Nǐ jiā zài dōngbù háishi xībù?
李小雨：你家在东部[20]还是西部[21]？

Mǎ Lì: Wǒ jiā zài dōngbù.
马　力：我家在东部。

Lǐ Xiǎoyǔ: Nǐ jiā dà bu dà?
李小雨：你家大不大？

Mǎ Lì: Bǐjiào dà. Wǒ jiā shì yí ge liǎng céng xiǎo lóu, hái yǒu yí ge dìxiàshì.
马　力：比较大。我家是一个两层[22]小楼[23]，还有一个地下室[24]。
Xiǎolóu hòumiàn shì yí ge chēkù.
小楼后面是一个车库[25]。

Lǐ Xiǎoyǔ: Nǐ jiā yǒu yuànzi ma?
李小雨：你家有院子[26]吗？

Mǎ Lì: Yǒu. Wǒ jiā qiánmiàn shì yí ge xiǎo yuànzi,
马　力：有。我家前面是一个小院子，
yuànzi li yǒu hěn duō shù hé huār.
院子里有很多树[27]和花儿。

Lǐ Xiǎoyǔ: Cóng nǐ jiā dào xuéxiào yuǎn bu yuǎn?
李小雨：从你家到学校远不远？

Mǎ Lì: Hái kěyǐ. Wǒ měitiān kāi chē qù xuéxiào, dàgài xūyào bàn ge xiǎoshí.
马　力：还可以。我每天开[28]车去学校，大概需要[29]半个小时[30]。

Lǐ Xiǎoyǔ: Nǐ jiā lí hǎi yuǎn ma?
李小雨：你家离海[31]远吗？

Mǎ Lì: Bù yuǎn, wǒ chángcháng qù hǎibiān. Chī wán wǎnfàn, wǒ jiù gēn Ānnà yìqǐ qù hǎibiān sàn bù.
马　力：不远，我常常去海边。吃完晚饭[32]，我就跟安娜一起去海边散步[33]。

Lǐ Xiǎoyǔ: Nǐ nǚpéngyou yě xǐhuan qù hǎibiān?
李小雨：你女朋友也喜欢去海边？

Mǎ Lì: Nǚpéngyou? Shuí shì wǒ nǚpéngyou?
马　力：女朋友？谁是我女朋友？

Lǐ Xiǎoyǔ: Ānnà bú shì nǐ de nǚpéngyou ma?
李小雨：安娜不是你的女朋友吗？

Mǎ Lì: Bú shì. Ānnà shì wǒ de gǒu.
马　力：不是。安娜是我的狗。

语法 Yǔfǎ Grammar

A Summary of Prepositions

The prepositions we have learned are:

在　从　到　离　给　往　跟　为　对

A prepostion and a noun phrase together form a prepositional phrase, which is often used as an adverbial to modify a verb or an adjective. For example:

（1）你**在**哪儿工作？
（2）你**从**哪儿来？
（3）你**到**哪儿去？
（4）**从**星期一**到**星期五我们都上课。
（5）你家**离**公园远不远？

(6) 请您**给我**买一张火车票，好吗？
(7) **往前**走，然后**往右**拐。(= 向 xiàng 前走，然后向右拐。)
(8) 我明天**跟朋友**一起去打球。
(9) 这件礼物是**为你**买的。
(10) 他**对北京**很熟悉。

A Summary of Adverbs

The adverbs we have learned are:

不　没（有）　别
都　只　也　还
比较　很　非常　特别　最　更　还　有点儿
一定　可能　大概
刚　已经　再　常常　很少
就　真　多　太

Adverbs preceed verbs or adjectives and indicate negativity, range, degree, estimation, time, frequency, mood, etc. For example:

我没有时间，**不**想去了。/ 昨天我没有时间，**没**去。/ 你**别**去了吧。
他**只**会说汉语。/ 她会说汉语，他**也**会说汉语。/ 他们**都**会说汉语。/
他会说汉语，**还**会说日语。
今天**有点儿**热。/ 今天不**太**热。/ 今天**很**热。/ 今天**比较**热。/
今天**非常**热。/ 今天**特别**热。/ 今天是今年**最**热的一天。/
今天比昨天**更**热。/ 今天比昨天**还**热。
现在他**可能**还在睡觉。/ 现在他**大概**还在睡觉。/
现在他**一定**还在睡觉。
他**刚**回来。/ 他**已经**回来了。/ 他**还**没回来。
那儿**常常**下雨。/ 那儿**很少**下雨。
前面**就**是我家。
这儿**真**漂亮！/ 那**多**好哇！/ **太**贵了！

Words for Reference

1.	东方	(N.)	dōngfāng	the East, the Orient
2.	西方	(N.)	xīfāng	the West
3.	市区	(N.)	shìqū	the city proper, urban district
4.	郊区	(N.)	jiāoqū	suburban district, suburbs

5.	安静	(Adj.)	ānjìng	quiet
6.	湖	(N.)	hú	lake
7.	草	(N.)	cǎo	grass
8.	森林	(N.)	sēnlín	forest
9.	沙漠	(N.)	shāmò	desert

Cultural notes

1. The majority of the Chinese population still lives in the countryside. After the economic reform and the opening up of China to the outside world, urban trade and labour markets expanded rapidly. Many people from the countryside rushed into the cities to take advantage of all of the new opportunities. Small and medium-sized cities, and new townships have rapidly developed, resulting in a significant percentage of the rural population becoming urbanized. In coastal areas, transportation has become more convenient in the countryside and industry has rapidly developed in the towns. Farmers' living standards have quickly improved, so that the difference between city and country life has gradually lessened.

* * *

2. Such sayings as, "chēshuǐ-mǎlóng" (incessant streams of horses and carriages; heavy traffic), are "chéngyǔ," or idioms, usually formed with four characters/syllables. Some idioms are very colloquial, such as: "rénshān-rénhǎi" (people mountain, people sea; huge crowds), "huāntiān-xǐdì" (sky-high joy, earth-wide glee; wild with joy), "qīshǒu-bājiǎo" (seven hands, eight feet; everyone lending a hand), "luànqī-bāzāo" (seven messy, eight chaos; at sixes and sevens). Some idioms have been passed down from ancient times and actually refer to classic stories, such as "kèzhōu-qiújiàn" (making a mark on the side of one's boat to indicate the place where one's sword has dropped into the river; to take measures without considering the changing circumstances); "hújiǎ-hǔwēi" (the fox borrows the tiger's fierceness; bullying people using someone else's power); "zìxiāng-máodùn" (bragging about one's impenetrable shields and all-penetrating spears; self-contradiction), and many others.

Dì-shíwǔ Kè　Wǒ Xuéguo Bàn Nián Hànyǔ

第十五课　我学过半年汉语

Lesson 15　I Have Studied Chinese for Half a Year

Wǒ xuéle liù nián Yīngyǔ le.
- 我学了六年英语了。
I've been studying English for six years now.

Nǐ kàn, wǒmen yí ge xīngqī jiàn jǐ cì miàn?
- 你看，我们一个星期见几次面？
How many times do you think we should meet each week?

Měi cì duō cháng shíjiān?
- 每次多长时间？
How long each time?

Hǎo, wǒ zài shuō yí biàn.
- 好，我再说一遍。
OK. I'll say it once again.

词语　Cíyǔ　Words and Phrases

1.	自我	(Pron.)	zìwǒ	oneself
2.	介绍	(V. & N.)	jièshào	to introduce, introduction
3.	年	(M.W.)	nián	year
4.	专业	(N.)	zhuānyè	major, specialty
5.	年级	(N.)	niánjí	grade
6.	普通话		Pǔtōnghuà	Putonghua, Mandarin
7.	标准	(Adj. & N.)	biāozhǔn	standard, criterion
8.	阅读	(N. & V.)	yuèdú	reading, to read

9.	听力	(N.)	tīnglì	listening ability
10.	口语	(N.)	kǒuyǔ	spoken language
11.	写作	(N. & V.)	xiězuò	writing, to write
12.	母语	(N.)	mǔyǔ	mother tongue
13.	外国	(N.)	wàiguó	foreign country
14.	练习	(V. & N.)	liànxí	to practice, exercise
15.	清楚	(Adj.)	qīngchu	clear

* * * * *

16.	分钟	(M.W.)	fēnzhōng	minute
17.	听写	(V. & N.)	tīngxiě	to dictate, dictation
18.	句子	(N.)	jùzi	sentence
19.	遍	(M.W.)	biàn	(measure word for the repetition of the actions like reading, speaking, or writing)
20.	难	(Adj.)	nán	difficult
21.	容易	(Adj.)	róngyì	easy
22.	开始	(V.)	kāishǐ	to begin
23.	句	(M.W.)	jù	(measure word for sentences)
24.	慢	(Adj.)	màn	slow
25.	最后	(Adj.)	zuìhòu	final, finally, at last
26.	忘	(V.)	wàng	to forget
27.	种	(M.W.)	zhǒng	sort, kind
28.	食品	(N.)	shípǐn	food
29.	努力	(Adj.)	nǔlì	diligent
30.	糊里糊涂	(Adj.)	húlihútu	muddled

Supplementary Words

31.	刻钟	(M.W.)	kèzhōng	quarter of an hour
32.	互相	(Adv.)	hùxiāng	each other
33.	谈话	(V.O.)	tán huà	to talk
34.	考试	(V.O. & N.)	kǎo shì	(to) test

课文 Kèwén Text

1.

Jack is in Beijing. He has found a language partner through a friend.

Jiékè: Nǐ hǎo, wǒ xiān zìwǒ jièshào yíxià, wǒ jiào Jiékè, shì Jiānádàrén, hěn gāoxìng rènshi nǐ. Wǒ xuéguo bàn nián Hànyǔ, shuō de bú tài hǎo.

杰　克：你好，我先自我[1]介绍[2]一下，我叫杰克，是加拿大人，很高兴认识你。我学过半年[3]汉语，说得不太好。

Chén Jìng: Nǐ shuō de búcuò. Wǒ yě zìwǒ jièshào yíxià, wǒ shì Yīngyǔ zhuānyè dàxué yī niánjí xuésheng, wǒ jiào Chén Jìng. Wǒ xuéle liù nián Yīngyǔ le, dànshì shuō de hěn bù hǎo.

陈　静：你说得不错。我也自我介绍一下，我是英语专业[4]大学一年级[5]学生，我叫陈静。我学了六年英语了，但是说得很不好。

Jiékè: Wǒ tīng wǒ péngyou shuō, nǐ Pǔtōnghuà shuō de hěn biāozhǔn, Yīngyǔ yě shuō de fēicháng liúlì.

杰　克：我听我朋友说，你普通话[6]说得很标准[7]，英语也说得非常流利。

Chén Jìng: Nǎli nǎli. Wǒ de Yīngyǔ yuèdú hái kěyǐ, tīnglì hé kǒuyǔ dōu bú tài hǎo, xiězuò yě bù xíng. Suǒyǐ, wǒ xiǎng zhǎo yí wèi mǔyǔ shì Yīngyǔ de wàiguórén, liànxí liànxí tīnglì hé kǒuyǔ.

陈　静：哪里哪里。我的英语阅读[8]还可以，听力[9]和口语[10]都不太好，[11]写作也不行。所以，我想找一位母语[12]是英语的外国[13]人，练习[14]练习听力和口语。

Jiékè: Tài hǎo le! Wǒ yě xiǎng liànxí liànxí wǒ de Hànyǔ tīnglì hé kǒuyǔ. Nǐ kàn, wǒmen yí ge xīngqī jiàn jǐ cì miàn?

杰　克：太好了！我也想练习练习我的汉语听力和口语。你看，我们一个星期见几次面？

Chén Jìng: Sān cì ba.

陈　静：三次吧。

Jiékè: Xíng. Měi cì duō cháng shíjiān?

杰　克：行。每次多长时间？

Chén Jìng: Měi cì liànxí liǎng ge xiǎoshí Yīngyǔ, yí ge xiǎoshí Hànyǔ, zěnmeyàng?

陈　静：每次练习两个小时英语，一个小时汉语，怎么样？

Jiékè: Shénme? Wǒ tīng de bú tài qīngchu. Nǐ shì bu shì shuō, měi cì liànxí liǎng ge xiǎoshí Hànyǔ, yí ge xiǎoshí Yīngyǔ? Nà hǎojí le!

杰　克：什么？我听得不太清楚[15]。你是不是说，每次练习两个小时汉语，一个小时英语？那好极了！

2.

In the class, the teacher dictates sentences to the students as soon as class begins.

Lǎoshī: Wǒmen xiān yòng shí fēnzhōng shíjiān tīngxiě jǐ ge jùzi, měi ge jùzi wǒ zhǐ shuō sān biàn.

老　师：我们先用十分钟[16]时间听写[17]几个句子[18]，每个句子我只说三遍[19]。

Mǎ Lì: Nán bu nán?

马　力：难[20]不难？

Lǎoshī: Hěn róngyì. Xiànzài kāishǐ.

老　师：很容易[21]。现在开始[22]。

Dì-yī jù: Wǒmen qí zìxíngchē qù, wǒmen bú zuò qìchē qù.

第一句[23]：我们骑自行车去，我们不坐汽车去。

Mǎ Lì: Lǎoshī, nín shuō de tài kuài le, qǐng nín shuō de màn yìdiǎnr.

马　力：老师，您说得太快了，请您说得慢[24]一点儿。

Lǎoshī: Hǎo, wǒ zài shuō yí biàn: Wǒmen qí zìxíngchē qù, wǒmen bú zuò qìchē qù.

老　师：好，我再说一遍：我们骑自行车去，我们不坐汽车去。

Mǎ Lì: Shénme yìsi? Wǒ tīng de bú tài qīngchu. Wǒmen ... qí qìchē qù?

马　力：什么意思？我听得不太清楚。我们……骑汽车去？

Lǎoshī: Xiànzài wǒ shuō zuì hòu yí biàn: Wǒmen qí zìxíngchē qù, wǒmen bú zuò qìchē qù.

老　师：现在我说最后[25]一遍：我们骑自行车去，我们不坐汽车去。

Mǎ Lì: Tài nán le! "Zìxíngchē" shì shénme?
马　力：太难了！"自行车"是什么？

Lǎoshī: "Zìxíngchē", wǒmen bú shì zǎo jiù xuéguo le ma?
老　师："自行车"，我们不是早就学过了吗？

Mǎ Lì: Duìbuqǐ, wǒ wàng le. Nà shì yì zhǒng shípǐn ma?
马　力：对不起，我忘 26 了。那是一种 27 食品 28 吗？

Lǎoshī: Nǐ ya, tài bù nǔlì le!
老　师：你呀，太不努力 29 了！

Mǎ Lì: Lǎoshī, bú shì wǒ bù nǔlì. Zuótiān wǎnshang wǒ hē jiǔ hēle yí ge duō xiǎoshí, xiànzài hái yǒu diǎnr húlihútu.
马　力：老师，不是我不努力。昨天晚上我喝酒喝了一个多小时，现在还有点儿糊里糊涂 30。

Notes:

（一）"每个句子我只说三遍"

遍 is similar to 次 in meaning. However, 遍 denotes the whole process of an action from beginning to end, and it is usually combined with 说，听，看，写 etc.

（二）"早就学过了"

早就 means "already".

语法 Yǔfǎ Grammar

Expressions of Duration

一年	yì nián	a year
一个月	yí ge yuè	a month
一天	yì tiān	a day
一（个）星期	yí (ge)xīngqī	a week
一（个）小时	yí(ge)xiǎoshí	an hour
一刻钟	yí kèzhōng	a quarter of an hour
一分钟	yì fēnzhōng	a minute
半年	bàn nián	half a year
半个月	bàn ge yuè	half a month

半天	bàn tiān	half a day
半（个）星期	bàn (ge) xīngqī	half a week
半（个）小时	bàn (ge) xiǎoshí	half an hour
半分钟	bàn fēnzhōng	half a minute
一年半	yì nián bàn	a year and a half
一个半月	yí ge bàn yuè	a month and a half
一天半	yì tiān bàn	a day and a half
一个半星期	yí ge bàn xīngqī	a week and a half
一个半小时	yí ge bàn xiǎoshí	an hour and a half

There are several patterns that are used to express the duration of an action:

V. + duration
V. O. + V. + duration

E.g.
（1）我每天工作八个小时。
（2）我等了三个小时。
（3）我学汉语学了半年了。
（4）昨天晚上我喝酒喝了三个小时。

If the object of the verb is a noun, the expression of duration can be placed between the verb and the object. But if the object is a pronoun, the expression of duration must follow the object.

V. + duration ＋（的）+ N.
V. + Pron. + duration

E.g.
（1）我每天看三个小时（的）电视。
（2）我等了半个小时（的）公共汽车。
（3）我等了你半个小时了。

Expressions for Frequency of Action

The patterns expressing frequency of action are as follows:

V. +【Num.+ 次 / 遍】

第十五课

E.g.

（1）每个句子我只说三遍。

（2）他来过一次。

There are two cases when the verb is followed by an object: if the object is a noun, the expression of frequency precedes the object; and if the object is a pronoun, the expression of frequency follows the object.

V. +【Num.+ 次 / 遍】+ N.

V. + Pron.+【Num. + 次 / 遍】

E.g.

（1）我在他家吃过三次饭。

（2）我听了三遍录音。

（3）我去过那儿两次。

However, if the object is a proper noun (the name of a person or a place), either pattern may be used, for example:

（1）我问过两次杰克。/ 我问过杰克两次。

（2）我去过两次北京。/ 我去过北京两次。

Words for Reference

1.	国语	(N.)	guóyǔ	Mandarin
2.	方言	(N.)	fāngyán	dialect
3.	口音	(N.)	kǒuyīn	accent
4.	翻译	(V. & N.)	fānyì	to translate, tranlation
5.	外语	(N.)	wàiyǔ	foreign language
6.	对话	(N. & V.)	duìhuà	dialogue, to converse
7.	成绩	(N.)	chéngjì	score, grade, achievement
8.	及格	(V.)	jígé	to pass (a test)
9.	学分	(N.)	xuéfēn	credit
10.	注册	(V.)	zhùcè	to register

Cultural notes

1. The traditional reply to a compliment or to words of praise is, "Nǎli, nǎli" (*No, not at all*), because it is customary to deny that one deserves the compliment. Even if one is actually in complete agreement with the compliment, one must outwardly appear very modest and insist that one still has many inadequacies. This polite, self-deprecating behaviour is called "kèqi." In modern society, the young tend not to act so modestly. They may just make a straightforward reply, like "*thank you,*" to a compliment. They may also subtly say, "Hái kěyi" (*I guess I'm all right*), meaning "*I'm really pretty good.*"

2. The Chinese pay much attention to the learning of foreign languages. The most widely studied language is English, followed second by Japanese. English is universally taught in high schools, and in large cities, English instruction is begun even at the elementary level, continuing all the way up through university and graduate school. Foreign language courses are considered to be a standard part of the school and university curriculum.

Subjects (quizlet)

wo zai xue xue

语文	literature	yǔ wén
数学	maths	shu xue
历史	history	li shǐ
地理	geography	di lǐ
外语	foreign lang	wai yu
生	biology	sheng wu
	physics	wu li
	chem	hua xue
	music	yin yue
	art	meǐ shu
	pe	tǐ yu
	BS	
	IT (computer science)	ji suan ji
	Economics	

Dì-shí'liù Kè Huǒchēpiào Mài-wán le

第十六课 火车票卖完了

Lesson 16 The Train Tickets Have Been Sold Out

Xīngqī'èr de huǒchēpiào yǐjīng mài-wán le.
- 星期二的火车票已经卖完了。
The train tickets for Tuesday have been sold out.

Mǎi-dào yǐhòu qǐng nín gěi wǒmen fā yí ge chuánzhēn.
- 买到以后请您给我们发一个传真。
Please send us a fax when you get the ticket.

Tā qí de hěn kuài, yòushǒu hái názhe dōngxi.
- 他骑得很快，右手还拿着东西。
He rode very fast, with something in his right hand.

Wǒmen dōu shuāi-dǎo le.
- 我们都摔倒了。
We both fell down.

词语 Cíyǔ Words and Phrases

1.	通	(V.)	tōng	to get through, pass
2.	推迟	(V.)	tuīchí	to postpone
3.	安排	(V. & N.)	ānpái	to arrange, arrangement
4.	金融	(N.)	jīnróng	finance
5.	贸易	(N.)	màoyì	trade
6.	市场	(N.)	shìchǎng	market
7.	领导	(N. & V.)	lǐngdǎo	leader, to lead

8.	外贸	(N.)	wàimào	foreign trade
9.	经理	(N.)	jīnglǐ	manager
10.	参加	(V.)	cānjiā	to attend, take part in
11.	马上	(Adv.)	mǎshàng	at once, soon
12.	传真	(N.)	chuánzhēn	fax
13.	航班	(N.)	hángbān	flight number
14.	这样	(Pron.)	zhèyàng	like this, in this way, thus

* * * * *

15.	警察	(N.)	jǐngchá	police, policeman
16.	怎么回事		zěnme huí shì	what's the matter
17.	撞	(V.)	zhuàng	to bump against, collide
18.	着	(Part.)	zhe	
19.	雨衣	(N.)	yǔyī	raincoat
20.	手	(N.)	shǒu	hand
21.	雨伞	(N.)	yǔsǎn	umbrella
22.	结果	(N.)	jiéguǒ	result
23.	摔	(V.)	shuāi	to fall
24.	倒	(V.)	dǎo	to fall down
25.	坏	(Adj.)	huài	bad, broken
26.	破	(Adj.)	pò	broken
27.	伤	(V. & N.)	shāng	to hurt, injury, wound
28.	背	(N.)	bèi	back
29.	检查	(V.)	jiǎnchá	to check
30.	身体	(N.)	shēntǐ	body, health
31.	修	(V.)	xiū	to repair
32.	上班	(V.O.)	shàng bān	to go to work

Supplementary Words

33.	发生	(V.)	fāshēng	to happen, take place
34.	事故	(N.)	shìgù	accident

课文 Kèwén Text

1.

Jack is going to leave Beijing to go somewhere to discuss a joint venture with a certain institute. Now Xiao Huang, the local who will receive him, is calling Jack to confirm the details of his journey.

Xiǎo Huáng: Shì Jiékè xiānsheng ma?
小　黄：是杰克 先生 吗？

Jiékè: Duì, shì wǒ.
杰　克：对，是我。

Xiǎo Huáng: Wǒ shì Xiǎo Huáng. Zuótiān gěi nín dǎle jǐ cì diànhuà, dōu méi dǎ-tōng. Nín xià xīngqī'èr dào méiyǒu wèntí ba?
小　黄：我是 小 黄。昨天给您打了几次电话，都 没 打通[1]。您下星期二到没有问题吧？

Jiékè: Kànlái bù xíng le, yào tuīchí-dào xīngqīsān. Xīngqī'èr de huǒchēpiào yǐjīng mài-wán le.
杰　克：看来 不行了，要推迟[2]到星期三。星期二的火车票 已经 卖完 了。

Xiǎo Huáng: Kěshì, xīngqīsān de cānguān huódòng dōu yǐjīng ānpái hǎo le.
小　黄：可是，星期三的参观 活动 都已经 安排[3]好了。

Jiékè: Yǒu xiē shénme huódòng?
杰　克：有些 什么 活动？

Xiǎo Huáng: Shàngwǔ cānguān jīnróng màoyì zhōngxīn, xiàwǔ qù shìchǎng kànkan, wǎnshang wǒmen
小　黄：上午 参观 金融[4]贸易[5]中心，下午去市场[6]看看，晚上 我们

lǐngdǎo qǐng nín chī fàn, jǐ jiā wàimào gōngsī de jīnglǐ yě cānjiā.
领导[7]请您吃饭，几家外贸[8]公司的经理[9]也参加[10]。

Jiékè: Nàme, wǒ bú zuò huǒchē le, wǒ zuò fēijī. Wǒ mǎshàng qù mǎi xià xīngqī'èr de fēijīpiào.
杰 克：那么，我不坐火车了，我坐飞机。我马上[11]去买下星期二的飞机票。

Xiǎo Huáng: Mǎi-dào yǐhòu qǐng nín gěi wǒmen fā yí ge chuánzhēn, gàosu wǒmen nín de hángbān.
小 黄：买到以后请您给我们发一个传真[12]，告诉我们您的航班[13]。

Wǒmen qù jiē nín.
我们去接您。

Jiékè: Méi wèntí. Xièxie nǐ!
杰 克：没问题。谢谢你！

Xiǎo Huáng: Nà hǎo, jiù zhèyàng. Zàijiàn!
小 黄：那好，就这样[14]。再见！

Notes:

"看来不行了"

看来 denotes an air of evaluation.

2.

On his way to school, Liqi accidentally knocks down a pedestrian. Now a policeman arrives.

Jǐngchá: Zěnme huí shì?
警 察[15]：怎么回事[16]？

Xíngrén: Tā zhuàngle wǒ.
行 人：他撞[17]了我。

Jǐngchá: Nǐ qí chē de shíhou méi kàn-dào tā yào guò mǎlù ma?
警　察：你骑车的时候没看到她要过马路吗？

Lǐqí: Wǒ chuānzhe yǔyī, méi kàn-qīngchu.
里　奇：我穿着[18]雨衣[19]，没看清楚。

Xíngrén: Tā qí de hěn kuài, yòushǒu hái názhe dōngxi.
行　人：他骑得很快，右手[20]还拿着东西。

Jǐngchá: Nǐ guò mǎlù de shíhou, méi kàn-jiàn tā qí zìxíngchē guòlai ma?
警　察：你过马路的时候，没看见他骑自行车过来吗？

Xíngrén: Wǒ dǎzhe yǔsǎn, méi kàn-qīngchu.
行　人：我打着雨伞[21]，没看清楚。

Jǐngchá: Jiéguǒ ne?
警　察：结果[22]呢？

Lǐqí, xíngrén: Wǒmen dōu shuāi-dǎo le.
里奇、行人：我们都摔[23]倒[24]了。

Lǐqí: Wǒ de zìxíngchē shuāi-huài le.
里　奇：我的自行车摔坏[25]了。

Xíngrén: Wǒ de yǎnjìng shuāi-pò le.
行　人：我的眼镜摔破[26]了。

Jǐngchá: Shuāi-shāngle méiyǒu?
警　察：摔伤[27]了没有？

Xíngrén: Bù zhīdào. Bèi shang yǒu diǎnr téng.
行　人：不知道。背[28]上有点儿疼。

Jǐngchá: Zhèyàng ba, nǐ péi tā qù yīyuàn jiǎnchá yíxià shēntǐ.
警　察：这样吧，(to Liqi) 你陪她去医院检查[29]一下身体[30]。

Jiǎnchá-wán yǐhòu, nǐ péi tā qù xiū zìxíngchē.
(to the pedestrian) 检查完以后，你陪他去修[31]自行车。

Xíngrén: Kěshì, wǒ yào qù shàng bān...
行　人：可是，我要去上班[32]……

Lǐqí: Wǒ yào qù shàng kè...
里　奇：我要去上课……

Jǐngchá: Nà nǐmen jiù—
警　察：那你们就——

Lǐqí, xíngrén: Zàijiàn ba!
里奇、行人：再见吧！

Notes:

（一）"你骑车的时候没看到她要过马路吗"

…… 的时候 means "*when*…". Other examples:

考试的时候可以看词典吗？
在北京旅行的时候，他拍了很多照片。
我们到他家的时候，他正在吃饭。

（二）"这样吧"

这样吧 indicates a solution arising from the deliberation of a difficult situation.

语法 Yǔfǎ Grammar

V. / Adj. + Resultative Complement

A verb or an adjective which is directly placed after another verb or adjective to indicate result is called a resultative complement. The combination of verb and resultative complement is very flexible, but once the *V.Comple.* construction is formed, its elements are bound closely together. The *V.Comple.* is equivalent to a verb, and it can be followed by 了，过 and an object.

E.g.

他摔倒了。/ 他摔伤了。
衣服摔破了。/ 自行车摔坏了。
自行车摔坏了。/ 电话用坏了。
衣服穿坏了。
肚子吃坏了。
他撞倒了一个行人。/ 我没买到火车票。

The negative form is commonly "没（有）V.Comple." and the interrogative pattern is "V.Comple. 了吗", "V.Comple.（了）没有" or "V. (Comple.) 没 V.Comple."

For example:

电话没打通。
你摔伤了没有？ / 你摔（伤）没摔伤？

Here are some commonly used resultative complements:

1. —完

This indicates the fulfilment of an action so that nothing remains.

（1）我说完了。
（2）票卖完了。

2. —好

This indicates the fulfilment of an action, or that the result of the action is perfect.

（1）练习还没做好。
（2）门没关好。

3. —到

This indicates the action has reached its goal up to a certain point.

（1）词典没买到。
（2）今天早上我看到他了。
（3）汽车开到学校门口。
（4）昨天上到第八课。
（5）晚上看书看到十一点。

4. —见（“看见” see、“听见” hear）

（1）这几天你看见过他吗？
（2）你说什么？我没听见。

V. + 着 (zhe)

着 attached to a verb indicates either (1) the action is in progress, or (2) the action is completed, but its consequences still linger on.

E.g.:

（1）你手里拿着什么？
（2）房间里有的人站着，有的人坐着。
（3）她穿着一件红衬衫，戴着一副眼镜。
（4）房间的门开着，可是里边没有人。

Words for Reference

1.	接(电话)	(V.)	jiē	to answer (the telephone)
2.	接待	(V.)	jiēdài	to receive (somebody)

3.	访问	(V.)	fǎngwèn	to visit
4.	开发区	(N.)	kāifāqū	newly opened area
5.	合资	(N.)	hézī	joint-venture
6.	企业	(N.)	qǐyè	enterprise
7.	合作	(V. & N.)	hézuò	to cooperate, cooperation
8.	投资	(V.)	tóuzī	to invest
9.	发展	(V. & N.)	fāzhǎn	to develop, development

Cultural notes

China's economic reform and its opening-up to the outside world started in 1978. The main objectives of this reform are: to establish special economic zones and economic development zones, to expand international exchange and co-operation, and to attract foreign investment and advanced technology. The appearance of the three-capital enterprises (foreign capital enterprises, joint-venture enterprises and joint capital-cooperation enterprises) has created a positive effect on China's economic development.

火车 train
地铁
有轨电车 tram
踏板车
飞机 plane
自行车
摩托车
出租车
汽车
走路
公共汽车
轮渡
电缆车
快艇

Dì-shíqī Kè Xiànzài Jiù Kěyǐ Bān-jìnqu

第十七课 现在 就 可以搬进去

Lesson 17 You Can Move in Right Now

Rúguǒ nǐmen xiǎng zū de hua, xiànzài jiù kěyǐ bān-jìnqu.
- 如果 你们 想 租的话，现在就可以搬进去。
If you want to rent it, you can move in right now.

Měi tiān zǒu-shàng zǒu-xià, tài lèi le.
- 每天 走上 走下，太累了。
It's very tiring to walk upstairs and downstairs every day.

Zhè hétong wǒmen kěyǐ dài-huíqu kànkan ma?
- 这 合同我们 可以带 回去看看 吗？
Can we take this contract back for a look?

Máfan nín kuài diǎnr mǎi-lái zhuāng-shàngqu.
- 麻烦您快点儿 买来 装上去。
Please buy and install it soon.

词语 Cíyǔ Words and Phrases

1.	房子	(N.)	fángzi	house
2.	出租	(V.)	chūzū	to rent out
3.	房东	(N.)	fángdōng	landlord, owner
4.	如果	(Conj.)	rúguǒ	if
5.	租	(V.)	zū	to rent
6.	搬	(V.)	bān	to move
7.	楼	(M.W.)	lóu	storey, floor
8.	电梯	(N.)	diàntī	elevator

9.	累	(Adj.)	lèi	tired	
10.	锻炼	(V.)	duànliàn	to exercise, do physical training	
11.	套	(M.W.)	tào	a set of	
12.	电视机	(N.)	diànshìjī	T.V. set	台
13.	电冰箱	(N.)	diànbīngxiāng	refrigerator	台
14.	洗衣机	(N.)	xǐyījī	washing machine	台
15.	空调	(N.)	kōngtiáo	air conditioner, air-conditioning	台
16.	付	(V.)	fù	to pay	
17.	押金	(N.)	yājīn	deposit	
18.	合同	(N.)	hétong	contract	
19.	带	(V.)	dài	to take, bring, carry	

*　　*　　*　　*　　*

20.	生气	(V.O. & Adj.)	shēng qì	be angry, annoyed
21.	不像话		bú xiànghuà	unreasonable, too much
22.	拆	(V.)	chāi	to remove
23.	师傅	(N.)	shīfu	technician, master worker
24.	台	(M.W.)	tái	(measure word for appliances and machines)
25.	旧	(Adj.)	jiù	old
26.	办法	(N.)	bànfǎ	way, method
27.	只好	(Adv.)	zhǐhǎo	to have to, be forced to
28.	装	(V.)	zhuāng	to install
29.	一……就……		yì...jiù...	as soon as …, once…
30.	电器	(N.)	diànqì	electrical equipment
31.	送	(V.)	sòng	to send

Supplementary Words

32.	公寓	(N.)	gōngyù	apartment
33.	卫生间	(N.)	wèishēngjiān	toilet, bathroom
34.	厨房	(N.)	chúfáng	kichen

课文 Kèwén Text

1.

Wang Ying and Zhang Yuanyuan want to rent an apartment together. Today they have found a place through an advertisement. Now they are meeting the landlord.

Wáng Yīng: Tīngshuō nín de fángzi yào chūzū?
王　英：听说您的房子[1]要出租[2]？

Fángdōng: Shìde. Rúguǒ nǐmen xiǎng zū de hua, xiànzài jiù kěyǐ bān-jìnqu.
房　东[3]：是的。如果[4]你们想租[5]的话，现在就可以搬[6]进去。

Wáng Yīng: Zài jǐ lóu?
王　英：在几楼[7]？

Fángdōng: Liù lóu. Shàngqu kànkan ba?
房　东：六楼。上去看看吧？

Wáng Yīng: Yǒu méiyǒu diàntī?
王　英：有没有电梯[8]？

Fángdōng: Méiyǒu, děi zǒu-shàngqu.
房　东：没有，得走上去。

Zhāng Yuányuan: Měi tiān zǒu-shàng zǒu-xià, tài lèi le.
张园园：每天走上走下，太累[9]了。

Fángdōng: Méi guānxi, hái kěyǐ duànliàn shēntǐ ne!
房　东：没关系，还可以锻炼[10]身体呢！

Qǐng jìn ba.
(arriving at the sixth floor.) 请进吧。

Zhāng Yuányuan: Zhè tào fángzi yí ge yuè duōshao qián?
张园园：这套[11]房子一个月多少钱？

Fángdōng: Sānqiān kuài.
房　东：三千块。

Wáng Yīng: Tài guì le!
王　英：太贵了！

Fángdōng: Yìdiǎnr yě bú guì. Nǐ kàn, zhè tào fángzi yǒu liǎng ge dà fángjiān. Diànshìjī, diànbīngxiāng, xǐyījī, diànhuà, dōu yǒu. Hái yǒu kōngtiáo.
房　东：一点儿也不贵。你看，这套房子有两个大房间。电视机[12]、电冰箱[13]、洗衣机[14]、电话，都有。还有空调[15]。

Zhāng Yuányuan: Yào fù yājīn ma?
张园园：要付[16]押金[17]吗？

Fángdōng: Fù yìqiān kuài yājīn, bān chūqu de shíhou huán gěi nǐ. Zhè shì hétong.
房　东：付一千块押金，搬出去的时候还给你。这是合同[18]。

Wáng Yīng: Ǹg... Wǒmen huíqu xiǎngxiang ba, míngtiān dǎ diànhuà gàosu nǐ. Zhè hétong wǒmen kěyǐ dài-huíqu kànkan ma?
王　英：嗯……我们回去想想吧，明天打电话告诉你。这合同我们可以带[19]回去看看吗？

Fángdōng: Dāngrán kěyǐ. Míngtiān wǒ děng nǐmen de diànhuà.
房　东：当然可以。明天我等你们的电话。

Notes:

"现在就可以搬进去"

就 indicates that something happened or will happen right away. Here, it means "*at once*."

2.

Wang Ying and Zhang Yuanyuan have just moved into the apartment they are renting. They never thought that there would be something wrong with the air-conditioner so soon.

Zhāng Yuányuan: Zhème rè de tiān, fángjiān li méiyǒu kōngtiáo, zhēn ràng rén shēngqì!
张园园：这么热的天，房间里没有空调，真让人生气[20]！

Wáng Yīng: Shì a, tài bú xiànghuà le! Gěi Qián tàitai dǎ ge diànhuà, kàn tā zěnme huídá.
王　英：是啊，太不像话[21]了！给钱太太打个电话，看她怎么回答。

Shì Qián tàitai ma?
(dials the telephone) 是钱太太吗？

Fángdōng: Shì wǒ. Shénme shìr?
房　东：是我。什么事儿？

Wáng Yīng: Kōngtiáo yǐjīng chāi-xiàlai hǎo jǐ tiān le, xiū-hǎole méiyǒu a?
王　英：空调已经拆[22]下来好几天了，修好了没有啊？

Fángdōng: Duìbuqǐ, hái méi xiū-hǎo. Shīfu shuō, zhè tái kōngtiáo tài jiù le, méi bànfǎ xiū.
房　东：对不起，还没修好。师傅[23]说，这台[24]空调太旧[25]了，没办法[26]修。

Wáng Yīng: Nà zěnme bàn?
王　英：那怎么办？

Fángdōng: Kànlái zhǐhǎo huàn tái xīn de.
房　东：看来只好[27]换台新的。

Zhāng Yuányuan: Nà jiù máfan nín kuàidiǎnr mǎi-lái zhuāng-shàngqu.
张园园：(takes the telephone) 那就麻烦您快点儿买来装[28]上去。

Fángdōng: Wǒ yì yǒu kòngr jiù qù mǎi.
房　东：我一有空儿就[29]去买。

Zhāng Yuányuan: Nín shénme shíhou yǒu kòngr ne? Wǒmen rè-sǐ le!
张园园：您什么时候有空儿呢？我们热死了！

Fángdōng: Zhège... zhēn bù hǎo yìsi, zhèyàng ba, wǒ jīntiān xiàwǔ jiù qù diànqì shāngdiàn kàn-yíxià. Rúguǒ néng mǎi-dào dehua, mǎshàng jiù ràng shāngdiàn sòng-guòlai.
房　东：这个……真不好意思，这样吧，我今天下午就去电器[30]商店看一下。如果能买到的话，马上就让商店送[31]过来。

Notes:

（一）"好几天"

quite a few days.

（二）“不好意思”

“*How embarrassing*!” Here it just means “*sorry*.”

语法 Yǔfǎ Grammar

V. + Directional Complement

The directional verb immdiately following the verb and indicating the direction of the action, is called the directional complement; for example:

（1）他从商店买来一台空调。

（2）这合同我们可以带回去吗？

If the verb has an object of place, the object should follow 进，出，上，下 etc. but preceed 来 or 去；for example:

（1）他走进房间。

（2）他走进房间来了。

（3）我们得走上楼去。

If the object is a thing, it may has three possible positions:

（1）他带了一份合同回来。

（2）他带回一份合同来。

（3）他带回来一份合同。

Words for Reference

1.	同屋	(N.)	tóngwū	roommate
2.	吵架	(V.O.)	chǎo jià	to quarrel, argue
3.	岂有此理		qǐyǒucǐlǐ	outrageous
4.	洗	(V.)	xǐ	to wash
5.	机器	(N.)	jīqì	machine
6.	签	(V.)	qiān	to sign, write
7.	份	(M.W.)	fèn	a set (measure word for items like documents or dishes)
8.	卧室	(N.)	wòshì	bedroom
9.	客厅	(N.)	kètīng	living room

Cultural notes

Because of China's large population, housing in the cities was inadequate for a long time. Previously, a welfare-housing allocation system (fúlì fēnfáng zhìdù) was in use, whereby organizations would provide their employees with housing in return for only a minimal amount of rent. Things are different now; employee income has been increased greatly, so the welfare-housing allocation system has been abandoned. Now, employees usually have to purchase their own residences with a subsidy from their work unit. Since the beginning of economic reforms, many commercial highrise apartment buildings have been built, so the housing situation has improved considerably.

Dì-shíbā Kè　　Wǒ Kǒngpà Tīng-bu-dǒng

第十八课　我 恐怕　听不懂

Lesson 18　I'm Afraid I Won't Understand

Wǒ kǒngpà tīng-bu-dǒng.
- 我 恐怕 听 不 懂。
I'm afraid I won't understand.

Piào mǎi-de-dào ma?
- 票 买得到 吗?
Can you buy the tickets?

Tā lèi de lián huà dōu shuō-bu-chūlai le.
- 她累得连话 都 说 不出来了。
She is too tired to even speak.

Kànlái, wǒ pá-bu-dào shāndǐng le.
- 看来, 我爬不到 山顶 了。
It looks like I won't make it to the top of the mountain.

词语 Cíyǔ Words and Phrases

1.	场	(M.W.)	chǎng	(measure word for events like movies,operas, sports matches, or rain)
2.	京剧	(N.)	jīngjù	Beijing Opera　场
3.	懂	(V.)	dǒng	to understand
4.	武打戏		wǔdǎ xì	acrobatic fighting drama
	武打	(N.)	wǔdǎ	acrobatic fighting
	戏	(N.)	xì	drama
5.	演员	(N.)	yǎnyuán	actor, actress

6.	报纸	(N.)	bàozhǐ	newspaper	张
7.	挺	(Adv.)	tǐng	very	
8.	有名	(Adj.)	yǒumíng	famous	
9.	最好	(Adv.)	zuìhǎo	had better, it would be better	
10.	座位	(N.)	zuòwèi	seat	
11.	眼睛	(N.)	yǎnjing	eye	
12.	放心	(V.O.)	fàng xīn	don't worry	
13.	出发	(V.)	chūfā	to set off	
14.	赶	(V.)	gǎn	to rush for	
15.	出租车	(N.)	chūzūchē	taxi	
16.	堵车	(V.O.)	dǔ chē	traffic jam	

* * * * *

17.	连……都 / 也……		lián ... dōu / yě...	even	
18.	话	(N.)	huà	speech	
19.	爬	(V.)	pá	to climb, crawl	
20.	动	(V.)	dòng	to move	
21.	水	(N.)	shuǐ	water	
22.	山顶	(N.)	shāndǐng	mountaintop	
23.	才	(Adv.)	cái	only	
24.	平时	(T.W.)	píngshí	(in) normal times, (at) ordinary times, ordinarily	
25.	运动	(N.)	yùndòng	physical exercise	
26.	懒	(Adj.)	lǎn	lazy	
27.	注意	(V.)	zhùyì	to pay attention to	
28.	建议	(V. & N.)	jiànyì	to suggest, suggestion	
29.	跑步		pǎo bù	to run, jog	
	跑	(V.)	pǎo	to run	
30.	教	(V.)	jiāo	to teach	
31.	太极拳	(N.)	tàijíquán	Taiji Boxing	
32.	安静	(Adj.)	ānjìng	quiet	
33.	地	(Part.)	de		

Supplementary Words

34.	电影	(N.)	diànyǐng	movie	场

35. 杂志 (N.) zázhì magazine 本

课文 Kèwén Text

1.

Gao Yifei invites Wang Ying to watch a Beijing Opera.

Gāo Yīfēi: Jīntiān wǎnshang yǒu yì chǎng jīngjù, zánmen yìqǐ qù kàn ba, zěnmeyàng?
高一飞：今天晚上有一场[1]京剧[2]，咱们一起去看吧，怎么样？

Wáng Yīng: Wǒ kǒngpà tīng-bu-dǒng ba.
王　英：我恐怕听不懂[3]吧。

Gāo Yīfēi: Méi guānxi, shì wǔdǎ xì, nǐ tīng-bu-dǒng, yídìng kàn-de-dǒng.
高一飞：没关系，是武打戏[4]，你听不懂，一定看得懂。

Wáng Yīng: Yǎnyuán yǒumíng ma?
王　英：演员[5]有名吗？

Gāo Yīfēi: Wǒ shuō-bu-chū tāmen de míngzi, búguò bàozhǐ shang shuō, nàxiē yǎnyuán dōu tǐng yǒumíng de.
高一飞：我说不出他们的名字，不过报纸[6]上说，那些演员都挺[7]有名[8]的。

Wáng Yīng: Piào mǎi-de-dào ma?
王　英：票买得到吗？

Gāo Yīfēi: Méi wèntí, kěndìng mǎi-de-dào.
高一飞：没问题，肯定买得到。

Wáng Yīng: Zuìhǎo shì qiánmiàn de zuòwèi. Wǒ yǎnjing bù hǎo, zuò-zài hòumiàn kàn-bu-qīngchu.
王　英：最好[9]是前面的座位[10]。我眼睛[11]不好，坐在后面看不清楚。

Gāo Yīfēi: Nǐ fàngxīn ba.
高一飞：你放心[12]吧。

Wáng Yīng: Nà hǎo, zánmen jǐ diǎn chūfā?
王　英：那好，咱们几点出发[13]？

Gāo Yīfēi: Jīngjù wǎnshang qī diǎn kāishǐ, zánmen liù diǎn yí kè chūfā ba.
高一飞：京剧晚上七点开始，咱们六点一刻出发吧。

Wáng Yīng: Bàn ge xiǎoshí gǎn-de-dào ma?
王 英：半个小时赶[14]得到吗？

Gāo Yīfēi: Gǎn-de-dào. Zánmen zuò chūzūchē qù, bù dǔchē dehua, yí kè zhōng jiù dào le.
高一飞：赶得到。咱们坐出租车[15]去，不堵车[16]的话，一刻钟就到了。

2.

On the weekend Gao Yifei, Ma Li, Wang Ying, Tianzhong, Li Xiaoyu, and Xiao Zhang etc. are mountain climbing together in the countryside.

Lǐ Xiǎoyǔ: Wǒ ... bù ... bùxíng le.
李小雨：我……不……不行了。

Tiánzhōng: Kàn, Xiǎoyǔ lèi de lián huà dōu shuō-bu-chūlai le.
田 中：看，小雨累得连[17]话[18]都说不出来了。

Mǎ Lì: Xiǎoyǔ pá-bu-dòng le, zánmen xiūxi xiūxi ba.
马 力：小雨爬[19]不动[20]了，咱们休息休息吧。

Lǐ Xiǎoyǔ: Ràng wǒ hē diǎnr shuǐ... Dào shāndǐng hái yǒu duōshao lù?
李小雨：让我喝点儿水[21]。……到山顶[22]还有多少路？

Xiǎo Zhāng: Zánmen cái pále yíbànr, hái yǒu yíbànr.
小 张：咱们才[23]爬了一半儿，还有一半儿。

Lǐ Xiǎoyǔ: Kànlái, wǒ pá-bu-dào shāndǐng le. Nǐmen shàng ba, wǒ zài shānxià děng nǐmen.
李小雨：看来，我爬不到山顶了。你们上吧，我在山下等你们。

Mǎ Lì: Nǐ ya, píngshí yùndòng de tài shǎo.
马 力：你呀，平时[24]运动[25]得太少。

Lǐ Xiǎoyǔ: Bú shì yùndòng de tài shǎo, shì shìr tài duō, duō de zuò-bu-wán, nǎ yǒu shíjiān yùndòng?
李小雨：不是运动得太少，是事儿太多，多得做不完，哪有时间运动？

Mǎ Lì: Bú shì méiyǒu shíjiān, shì tài lǎn le ba?
马 力：不是没有时间，是太懒[26]了吧？

Wáng Yīng: Bù néng zhǐ xiǎngzhe gōngzuò, yě yào zhùyì xiūxi.
王 英：不能只想着工作，也要注意[27]休息。

Tiánzhōng: Wǒ jiànyì nǐ yǐhòu měi tiān zǎoshang chūqu pǎo bù.
田　中：我建议[28]你以后每天 早上 出去跑步[29]。

Gāo Yīfēi: Yǐhòu wǒ jiāo nǐ dǎ tàijíquán.
高一飞：以后我教[30]你打太极拳[31]。

Lǐ Xiǎoyǔ: Nǐmen kuài zǒu ba, ràng wǒ zài zhèr ānān-jìngjìng de xiūxi yíhuìr.
李小雨：你们快走吧，让我在这儿安安静静[32]地[33]休息一会儿。

Notes:

（一）"连话都说不出来"

One can also say: "连话也说不出来". 连 … 都 / 也 … is a pattern for emphasis. Other examples: 这个问题太容易了，也孩子也能回答。/ 他太忙了，连饭都没有时间吃。

（二）"小雨爬不动了"

Here "V. + 得 / 不 + 动" means "*to have or not have strength to do something*". Another example: 我走不动了，休息休息吧。

（三）"安安静静地休息一会儿"

地 should be read "de" here. When disyllabic adjectives and the reduplicated forms of adjectives are used as adverials to modify a verb, 地 should be used ; for example: 她非常高兴地唱了一个歌。/ 她高高兴兴地唱了一个歌。

语法 Yǔfǎ Grammar

V. + 得 / 不 + Potential Complement

The inner elements of the *V.Comple*. pattern, when it consists of the verb and the resultative complement, or the verb and the directional complement, are inseparable. But 得 / 不 can be inserted in most of these to indicate potentiality. "V. 得 Comple." means "can" and "V. 不 Comple." means "cannot."

E.g.

(1) 他说的话我都听得懂，你说的话我都听不懂。

(2) 字写得太小，我们看不清楚。

(3) 门太小了，汽车开不进去。

The interrogative pattern is ……吗 , or "V. 得 Comple. V. 不 Comple." For example:

1) 京剧票买得到吗?

2) 这本书一年学得完学不完?

Attention: When indicating permission or agreement, 能 or 可以 should be used instead of the "V. 得 / 不 Comple." pattern.

E.g.

对不起，你没买票，不能进去。

A Summary of the Complements

Besides objects, various kinds of complements may follow the verb, to describe or comment on the action. Sometimes, the complement may follow the adjective to further explain the state or the degree.

1. V. + Resultative Complement:

(1) 票卖完了。

(2) 眼镜摔破了。

(3) 他没说清楚。

2. V. + Directional Complement:

(1) 他给我带来几块巧克力。

(2) 我给他带去一盒茶叶。

(3) 这台电视机是从他房间里搬出来的。

The inner elements of both "V. + Resultative Complement" and "V. + Directional Complement" are inseparable, almost like a word.

3. V. + 得 / 不 + Potential Complement

(1) 票买得到吗?

(2) 我的汉语不太好，说不清楚。

(3) 门关着，我们进不去。

(4) 门太小，电视机太大，搬不出来。

This pattern is formed by inserting 得 / 不 into the structure of "V. + Resultative Complement" or "V. + Directional Complement" .

4. V. + Predicative Complement:

(1) 他打球打得不错。

(2) 他球打得不错。

(3) 他的汉语说得很好。

（4）他太忙了，忙得没有时间吃饭。

In this pattern, 得 must precede the complement. In fact, the complement is comments on the preceding verb or adjective.

5. V. + Complement of Quantity:

（1）今天比昨天冷一点儿。

（2）他吃饭吃了一个小时。

（3）这本书他已经看了两遍了。

The complement of quantity mainly indicates the distance, duration, or frequency of actions.

6. V. + Complement of Degree:

（1）工作了一天，我累极了。

（2）工作了一天，我累死了。

Words for Reference

1.	功夫	(N.)	gōngfu	Gongfu (martial arts)
2.	戏剧	(N.)	xìjù	drama
3.	表演	(N. & V.)	biǎoyǎn	performance, to perform
4.	水平	(N.)	shuǐpíng	level
5.	精彩	(Adj.)	jīngcǎi	wonderful
6.	结束	(V.)	jiéshù	to finish, end
7.	景色	(N.)	jǐngsè	scenery
8.	放弃	(V.)	fàngqì	to give up

Cultural notes

Dramatic opera, xìqǔ, is the traditional form of Chinese drama performed on stage. It includes Kunqu Opera (Kūnqǔ), Beijing Opera (Jīngjù), and many other regional and local opera forms. There are regional operas such as Shaoxing Opera (Yuèjù), Cantonese Opera (Yuèjù), Henan Opera (Yùjù), Sichuan Opera (Chuānjù), and Anhui Opera (Huángméi xì). In the Northeast, there are the Yangge Opera (yānggēxì), the song-and-dance duet (èrrénzhuàn), and other forms. Through over one hundred years of development, Beijing Opera has evolved a special artistic style and complex performance conventions. It enjoys popularity all over the country and has had great influence upon other forms of dramatic opera.

当代中文

Dì-shíjiǔ Kè　Wǒ Bǎ Qiánbāo Wàng-zài Chē shang le

第十九课　我把钱包忘在车上了

Lesson 19 I've Left My Wallet in the Car

Fù qián yǐhòu, nǐ bǎ qiánbāo fàng-zài nǎr le?
- 付钱以后，你把钱包放在哪儿了？
  Where did you put your wallet after paying?

Wǒ bǎ tā rēng-dào lājīxiāng li qù le.
- 我把它扔到垃圾箱里去了。
  I threw it into the garbage can.

Nǐ bǎ zhè wǔbǎi Měiyuán sòng-gěi sījī le.
- 你把这五百美元送给司机了。
  You've given these five hundred US dollars to the driver.

Wǒ mǎshàng bǎ qiánbāo gěi nǐmen sòng-guòlai.
- 我马上把钱包给你们送过来。
  I'll send the wallet over to you immediately.

词语 Cíyǔ Words and Phrases

1.	钱包	(N.)	qiánbāo	wallet, purse
2.	丢	(V.)	diū	to lose
3.	刚才	(T.W.)	gāngcái	just now
4.	把	(Prep.)	bǎ	
5.	放	(V.)	fàng	to put, place
6.	糟糕	(Adj.)	zāogāo	too bad, how terrible
7.	搞	(V.)	gǎo	to do
8.	赶快	(Adv.)	gǎnkuài	quickly, at once

9.	记得	(V.)	jìde	to remember
10.	发票	(N.)	fāpiào	receipt
11.	觉得	(V.)	juéde	to feel, think
12.	没用	(Adj.)	méiyòng	useless
13.	扔	(V.)	rēng	to throw
14.	垃圾箱		lājīxiāng	garbage can
	垃圾	(N.)	lājī	garbage
15.	美元	(N.)	Měiyuán	US dollar
16.	司机	(N.)	sījī	driver

* * * * *

17.	感谢	(V.)	gǎnxiè	to thank
18.	发现	(V.)	fāxiàn	to discover, find
19.	乘客	(N.)	chéngkè	passenger
20.	它	(Pron.)	tā	it
21.	交	(V.)	jiāo	to hand in, give
22.	纸	(N.)	zhǐ	paper
23.	宾馆	(N.)	bīnguǎn	guesthouse, hotel
24.	地址	(N.)	dìzhǐ	address
25.	总台	(N.)	zǒngtái	front desk, operator
26.	转	(V.)	zhuǎn	to transfer
27.	骂	(V.)	mà	to scold
28.	顿	(M.W.)	dùn	(measure word for meals, scolding, hitting)
29.	护照	(N.)	hùzhào	passport
30.	其他	(Pron.)	qítā	other
31.	证件	(N.)	zhèngjiàn	document

Supplementary Words

32.	口袋	(N.)	kǒudài	pocket
33.	记住		jì-zhù	to memorise
34.	诚实	(Adj.)	chéngshí	honest

课文 Kèwén Text

1.

After touring the city, Ma Li accompanies his parents to the hotel.

Mǎ Lì: Āiyā, wǒ de qiánbāo ne?
马 力：哎呀，我的钱包[1]呢？

Mǔqin: Shì bu shì diū le?
母 亲：是不是丢[2]了？

Mǎ Lì: Bù kěnéng ya, gāngcái xià chē de shíhou, shì wǒ fù de qián, nà shíhou qiánbāo hái zài.
马 力：不可能呀，刚才[3]下车的时候，是我付的钱，那时候钱包还在。

Mǔqin: Fù qián yǐhòu, nǐ bǎ qiánbāo fàng-zài nǎr le?
母 亲：付钱以后，你把[4]钱包放[5]在哪儿了？

Mǎ Lì: Zāogāo! Wǒ bǎ qiánbāo wàng-zài zuòwèi shang le.
马 力：糟糕[6]！我把钱包 忘在 座位 上 了。

Fùqin: Nǐ zěnme gǎo de!
父 亲：你怎么搞[7]的！

Mǔqin: Xiànzài zěnme bàn?
母 亲：现在 怎么办？

Fùqin: Gǎnkuài gěi chūzūchē gōngsī dǎ diànhuà.
父 亲：赶快[8]给出租车公司打电话。

Nǐ hái jìde chēhào ma?
你还记得[9]车号吗？

Mǎ Lì: Wǒ yìdiǎnr yě xiǎng-bu-qǐlai le.
马 力：我一点儿也想不起来了。

Fùqin: Fāpiào ná le ma?
父 亲：发票[10]拿了吗？

Mǎ Lì: Wǒ juéde fāpiào méiyòng, jiù bǎ tā rēng-dào lājīxiāng li qù le.
马 力：我觉得[11]发票 没用[12]，就把它扔[13]到垃圾箱[14]里去了。

Mǔqin: Qiánbāo li yǒu duōshao qián?
母　亲：钱包里有多少 钱?

Mǎ Lì: Dàgài wǔbǎi Měiyuán.
马　力：大概五百美元[15]。

Mǔqin: Nǐ bǎ zhè wǔbǎi Měiyuán sòng-gěi sījī le.
母　亲：你把这 五百美元 送给 司机[16] 了。

Notes:

（一）"我的钱包呢?"

"Noun phrase + 呢 "used at the beginning of a dialogue means ……在哪儿 .

（二）"是我付的钱"

This sentence is a 是……的 structure. Here the doer 我 is emphasized. In the sentence pattern 是……的 , if the verb has an object, the object is often placed after 的 .

（三）"怎么搞的"

怎么搞的 bears a tone of resentment or blame.

（四）"想不起来"

想不起来 means "*can't remember*".

2.

The telephone rings when the Ma Lis are feeling thoroughly frustrated.

Mǎ Lì: Wèi, nǎ wèi?
马　力：喂，哪位?

Sījī: Wǒ shì chūzū qìchē sījī, jīntiān shàngwǔ nǐmen zuòguo wǒ de chē. Nǐmen shì bu shì
司　机：我是出租汽车司机，今天 上午 你们坐过 我的车。你们是不是

bǎ shénme dōngxi wàng-zài chē shang le?
把什么 东西 忘在 车 上了?

Mǎ Lì: Duì duì duì, wǒmen bǎ qiánbāo wàng-zài chē shang le.
马　力：对对对，我们把 钱包 忘在 车 上了。

Sījī: Wǒ mǎshàng bǎ qiánbāo gěi nǐmen sòng-guòlai.
司　机：我马上 把 钱包 给你们 送过来。

Mǎ Lì: Āiyā, tài gǎnxiè nín le! Nín shì zěnme fāxiàn wǒmen de qiánbāo de?
马　力：哎呀，太感谢[17]您了！您是怎么发现[18]我们的钱包的？

Sījī: Yǒu yí wèi chéngkè kàn-dàole qiánbāo, bǎ tā jiāo-gěile wǒ.
司　机：有一位乘客[19]看到了钱包，把它[20]交[21]给了我。

Mǎ Lì: Zhēn shì yí wèi hǎorén. Nà nín zěnme huì zhīdao wǒmen de diànhuà hàomǎ ne?
马　力：真是一位好人。那您怎么会知道我们的电话号码呢？

Sījī: Wǒmen bǎ qiánbāo li de dōngxi ná-chūlai yí kàn, fāxiàn lǐmiàn yǒu yì zhāng zhǐ, shàngmiàn yǒu nǐmen zhù de bīnguǎn de míngzi hé dìzhǐ. Wǒ dǎ diànhuà gěi bīnguǎn, zǒngtái jiù bǎ diànhuà zhuǎn-dàole nǐmen fángjiān.
司　机：我们把钱包里的东西拿出来一看，发现里面有一张纸[22]，上面有你们住的宾馆[23]的名字和地址[24]。我打电话给宾馆，总台[25]就把电话转[26]到了你们房间。

Mǎ Lì: Zhēnshi tài máfan nín le.
马　力：真是太麻烦您了。

Sījī: Méi shénme. Nǐmen yídìng hěn zháojí ba?
司　机：没什么。你们一定很着急吧？

Mǎ Lì: Kě bú shì. Gāngcái wǒ mā hái bǎ wǒ màle yí dùn ne. Qiánbāo li yǒu hùzhào hé qítā zhèngjiàn, yàoshi diūle jiù máfan le.
马　力：可不是，刚才我妈还把我骂[27]了一顿[28]呢。钱包里有护照[29]和其他[30]证件[31]，要是丢了就麻烦了。

Notes:

（一）“可不是”

可不是 means “*yes*”, “*of course*”.

（二）“要是丢了就麻烦了”

要是 / 如果 and 就 are often used together. Other examples: 你要是没有时间，就别去了。/ 如果你不方便的话，我就不去了。

语法 Yǔfǎ Grammar

The 把 (bǎ) Sentence

The sentence with 把 … as an adverbial is called the 把 (bǎ) sentence. This sentence pattern indicates that somebody does something to a definite object and the object is usually affected or changed to a certain extent.

The sentence pattern with 把 is as follows:

S. + 把 O.$_{definite}$ + V + other elements

E.g.

（1）妈妈刚才把我骂了一顿。（妈妈刚才骂了我一顿。）

（2）我马上把钱包给你们送过来。（我马上给你们送钱包来。）

（3）你把这五百美元送给司机了。（这五百美元你送给了司机。）

When the verb is followed by 在 …/ 给 …/ 到 …, the 把 sentence pattern must be used to introduce the object.

把 + O.$_{definite}$ + V. 在 / 给 / 到

E.g.

（1）他把花儿放在桌子上。

（2）他把花儿送给他女朋友。

（3）他把花儿送到女朋友家里。

When the verb is followed by a disyllabic directional complement and a place expression, the 把 sentence pattern must be used to introduce the object.

把 +O. definite + V.+ Directional Comple. + place + Directional Comple.

E.g.

（1）我们把这些东西搬上楼去吧。

（2）你不能把这些钱拿回家去。

Notice:

1. When the verb does not denote domination or influence, the 把 sentence is not normally used. So we do not say, "我把他知道", "我把他见了面".

2. The object of 把 is definite, so instead of saying "我把一本词典买来了", we should say "我把词典买来了"/"我把那本词典买来了".

3. Time expressions, optative verbs, or negative words should precede 把, e.g. 我昨天把那本书还给图书馆了。/我不想把那本书还给图书馆。/我还没有把那本书还给图书馆。

Words for Reference

1.	卡片	(N.)	kǎpiàn	card
2.	名片	(N.)	míngpiàn	name card, visiting card
3.	保存	(V.)	bǎocún	to keep
4.	粗心	(Adj.)	cūxīn	careless
5.	心疼	(Adj. & V.)	xīnténg	to feel sorry
6.	责怪	(V.)	zéguài	to blame
7.	捡	(V.)	jiǎn	to pick up
8.	表扬	(V.)	biǎoyáng	to praise

Cultural notes

A "hotel" is usually called "bīnguǎn" in Chinese. However, "xxx (dà) fàndiàn" or "xxx (dà) jiǔjiā" may also be used. The words "fàndiàn" can mean restaurant or hotel; a restaurant is called a "fànguǎnr" in the north. Similarly, "xx jiǔjiā" could also denote a restaurant or a hotel. Some organizations, factories, and schools may provide inexpensive and simply furnished guesthouses for their guests or visitors. These are called "zhāodàisuǒ."

When you visit China, you may want to remember the following handy telephone numbers:

120: jiùhù, emergency, rescue

119: huǒjǐng, to report a fire

110: fěijǐng, to report a burglary

Dì-èrshí Kè Chà Diǎnr Bèi Qìchē Zhuàngle yíxià

第二十课 差点儿被汽车撞了一下

Lesson 20 I Was Nearly Knocked Down by a Car

- Wǒ chà diǎnr ràng qìchē zhuàngle yíxià.
  我差点儿让汽车撞了一下。
  I was nearly knocked down by a car.
- Zìxíngchē jiào rén tōu-zǒu le.
  自行车叫人偷走了。
  The bicycle was stolen by somebody.
- Hé li de yú dōu bèi dú-sǐ le.
  河里的鱼都被毒死了。
  All the fish in the river were killed by poison.
- Lù liǎngbiān de shù dōu bèi kǎn-dǎo le.
  路两边的树都被砍倒了。
  All the trees on both sides of the road were cut down.

词语 Cíyǔ Words and Phrases

1.	运气	(N.)	yùnqi	luck
2.	透	(Adj.)	tòu	fully, thoroughly
3.	午饭	(N.)	wǔfàn	lunch
4.	取	(V.)	qǔ	to take, withdraw
5.	够	(V.)	gòu	enough
6.	顺	(Adj.)	shùn	smooth
7.	电脑	(N.)	diànnǎo	computer

8.	寄	(V.)	jì	to mail out
9.	挂号信		guàhàoxìn	registered letter
	信	(N.)	xìn	letter
10.	红绿灯		hónglǜdēng	traffic light
	灯	(N.)	dēng	lamp
11.	差点儿	(Adv.)	chàdiǎnr	nearly
12.	偷	(V.)	tōu	to steal
13.	倒霉	(Adj.)	dǎoméi	bad luck

* * * * *

14.	污染	(N. & V.)	wūrǎn	pollution, to pollute
15.	严重	(Adj.)	yánzhòng	serious
16.	被	(Prep.)	bèi	by
17.	毒	(V. & N. & Adj.)	dú	(to) poison, poisonous
18.	变	(V.)	biàn	to change, become
19.	清	(Adj.)	qīng	clear
20.	又	(Adv.)	yòu	again
21.	栽	(V.)	zāi	to plant
22.	砍	(V.)	kǎn	to cut, chop
23.	政府	(N.)	zhèngfǔ	government
24.	随便	(Adj.)	suíbiàn	freely, carelessly, casually
25.	草地	(N.)	cǎodì	lawn
26.	好像	(Adv.)	hǎoxiàng	as if, it seems…
27.	各种		gè zhǒng	all kinds of
28.	小吃	(N.)	xiǎochī	snack, refreshment
29.	掉	(V.)	diào	to fall, drop
30.	可惜	(Adj.)	kěxī	pitiful, it's a pity
31.	味道	(N.)	wèidào	taste

Supplementary Words

32.	小心	(Adj.)	xiǎoxīn	careful
33.	保护	(V.)	bǎohù	to protect

课文 Kèwén Text

1.

Wáng Yīng: Wǒ jīntiān xiàwǔ yùnqi huài-tòu le!
王 英：我今天下午运气[1]坏透[2]了！

Mǎ Lì: Zěnme la?
马 力：怎么啦？

Wáng Yīng: Wǒ yì chī-wán wǔfàn, jiù qù yínháng qǔ qián.
王 英：我一吃完午饭[3]，就去银行取[4]钱。

Mǎ Lì: Nà hěn fāngbiàn ya, wǔ fēnzhōng jiù gòu le.
马 力：那很方便呀，五分钟就够[5]了。

Wáng Yīng: Fāngbiàn shénme ya. Yì kāishǐ jiù bú shùn: diànnǎo huài le, děng le yí ge duō xiǎoshí cái ná dào qián.
王 英：方便什么呀。一开始就不顺[6]：电脑[7]坏了，等了一个多小时才拿到钱。

Mǎ Lì: Shì ma? Yǒu zhèyàng de shìr!
马 力：是吗？有这样的事儿！

Wáng Yīng: Cóng yínháng chūlai, wǒ qù yóujú jì guàhàoxìn. Lù shang qí chē qí de tài kuài, méi zhùyì hónglǜdēng, chàdiǎnr ràng qìchē zhuàng le yíxià.
王 英：从银行出来，我去邮局寄[8]挂号信[9]。路上骑车骑得太快，没注意红绿灯[10]，差点儿[11]让汽车撞了一下。

Mǎ Lì: Nǐ tài zháojí le.
马 力：你太着急了。

Wáng Yīng: Zǒu-chū yóujú, fāxiàn zìxíngchē bú jiàn le.
王 英：走出邮局，发现自行车不见了。

Mǎ Lì: Jiào rén tōu-zǒu le?
马 力：叫人偷[12]走了？

Wáng Yīng: Kě bu shì.
王 英：可不是。

Mǎ Lì: Nǐ zhēn dǎoméi.
马 力：你真倒霉[13]。

Notes:

(一)“坏透了”

……透了 is an exclamatory sentence indicating a high degree.

(二)“等了一个小时才拿到钱”

Here, 才 connotes the feeling of something happening late, slowly, or taking a long time.

2.

Xiao Huang accompanies Jack on a city tour. Jack has some memories of the city because he visited there several years before.

Jiékè: Wǒ jìde jǐ nián qián wǒ lái zhèr de shíhou, zhè tiáo hé wūrǎn hěn yánzhòng. Hé li de yú dōu bèi dú-sǐ le.

杰　克：我记得几年前我来这儿的时候，这条河污染[14]很严重[15]。河里的鱼都被[16]毒[17]死了。

Xiǎo Huáng: Xiànzài héshuǐ biàn-qīng le, nǐ kàn, hé li yòu yǒu yú le.

小　黄：现在河水变[18]清[19]了，你看，河里又[20]有鱼了。

Jiékè: Zhèxiē shù dōu shì yì liǎng nián qián zāi de ba?

杰　克：这些树都是一两年前栽[21]的吧？

Xiǎo Huáng: Shì a. Nǐ zěnme zhīdao?

小　黄：是啊。你怎么知道？

Jiékè: Shàngcì wǒ lái de shíhou, zhèr zhèngzài xiū lù, lù liǎngbiān de shù dōu bèi kǎn-dǎo le.

杰　克：上次我来的时候，这儿正在修路，路两边的树都被砍[22]倒了。

Xiǎo Huáng: Xiànzài, zhèngfǔ guīdìng bù néng suíbiàn kǎn shù.

小　黄：现在，政府[23]规定不能随便[24]砍树。

Jiékè: Nà jǐ kuài cǎodì yě búcuò. — Yí, wǒ jìde nàr yǐqián hǎoxiàng shì yìxiē xiǎo fàndiàn, mài gè zhǒng xiǎochī.

杰　克：那几块草地[25]也不错。——咦，我记得那儿以前好像[26]是一些小饭店，卖各种[27]小吃[28]。

Xiǎo Huáng: Nàxiē jiù fángzi zǎo jiù chāi-diào le.

小　黄：那些旧房子早就拆掉[29]了。

Jiékè: Nà tài kěxī le! Wǒ zài nàr chīguo jǐ cì, wèidào búcuò.

杰　克：那太可惜[30]了！我在那儿吃过几次，味道[31]不错。

Xiǎo Huáng: Rúguǒ bù chāi-diào nàxiē jiù fángzi, zěnme huì yǒu zhème piàoliang de cǎodì ne?
小　黄：如果不拆掉那些旧房子，怎么会有这么漂亮的草地呢？

Notes:

(一)"一两年前"

一两年 means 一年或者两年 (*one or two years*). Other examples: 七八个，十四五本，三四十块.

(二)"那些旧房子早就拆掉了"

掉, used as a complement, indicates that something is no longer there. Other examples: 我把那些书都卖掉了。/ 鸟儿被猫吃掉了

语法 Yǔfǎ Grammar

The 被 (bèi) Sentence

The sentence with the preposition 被 is called the 被 (bèi) sentence. Its structure is:

Receiver of the action + 被 + doer of the action + V…

E.g.

(1) 我的自行车被人偷走了。

(2) 眼镜被他摔破了。

Sometimes the object of 被 need not be included. For example:

(1) 河里的鱼都被毒死了。

(2) 那些旧房子早就被拆掉了。

In spoken language, 被 is often replaced by 叫 or 让. But 叫 or 让 must be followed by an object.

(1) 我差点儿让汽车撞了。

(2) 自行车叫人偷走了。

The "bei" sentence is different from the English passive voice. Most of the "bei" sentences, especially in spoken Chinese, are used to refer to harm or hardship suffered by the subject, as shown by the above examples. Otherwise, the "bei" sentence pattern is not required.

E.g.

(1) 火车票买到了吗?

(2) 信已经写好了。

In the above two sentences 被 is not used.

Words for Reference

1.	街	(N.)	jiē	street
2.	封	(M.W.)	fēng	(measure word for letters)
3.	收到	(V.)	shōudào	to receive
4.	幸运	(Adj.)	xìngyùn	lucky
5.	治理	(V.)	zhìlǐ	to administer, put in order
6.	建设	(V. & N.)	jiànshè	to construct, consruction
7.	发展	(V. & N.)	fāzhǎn	to develop, development
8.	改善	(V.)	gǎishàn	to improve

Cultural notes

When China first began its economic reforms and opened its doors to the world, some regions, heedless of the consequences, recklessly pursued economic development, thus causing serious environmental pollution. In recent years, environmental protection has become a fundamental national policy. People have become much more conscious of environmental protection, devoting much attention to sustainable economic development. Because of afforestation (planting trees), prohibition of livestock grazing and fuel gathering, making farmland back into forest or grassland, addressing problems concerning rivers and lakes, the establishment of protected natural regions, allotting time for rectification, and the reorganization or closure of factories with excessive pollution within a set time frame, the natural environment in China is improving year by year. The average area of green land per person in a city is also increasing each year.

当代中文

Supplementary Text

Xióngmāo

熊猫

Panda

词语 Cíyǔ Words and Phrases

1.	熊猫	(N.)	xióngmāo	panda
2.	它	(Pron.)	tā	it
3.	耳朵	(N.)	ěrduo	ear
4.	眼睛	(N.)	yǎnjing	eye
5.	尾巴	(N.)	wěiba	tail
6.	短	(N.)	duǎn	short
7.	身体	(N.)	shēntǐ	body
8.	胖	(Adj.)	pàng	fat, plump
9.	天	(MW & N.)	tiān	day, sky
10.	爬	(V.)	pá	climb
11.	睡懒觉		shuì lǎn jiào	get up late
	睡觉		shuì jiào	sleep
	懒	(Adj.)	lǎn	lazy
12.	开夜车		kāi yèchē	work late (lit. “drive the night car”)
	开	(V.)	kāi	drive
	夜	(N.)	yè	night
13.	竹子	(N.)	zhúzi	bamboo
14.	顿	(MW .)	dùn	(measure word for meals)
15.	汉堡包	(N.)	hànbǎobāo	hamburger
16.	生活	(N. & V.)	shēnghuó	life, live
17.	省	(N.)	shěng	province

课文 Kèwén Text

Bái Xiǎohóng: Nǐ zhīdao xióngmāo ma?
白小红：你知道 熊猫[1] 吗?

Mǎ Lì: Dāngrán zhīdao.
马　力：当然 知道。

Bái Xiǎohóng:Xióngmāo hěn kě'ài.
白小红：熊猫 很可爱。

Mǎ Lì: Xióngmāo shì wǒmen de hǎo péngyou.
马　力：熊猫 是我们 的 好朋友。

Bái Xiǎohóng: Tā ěrduo xiǎoxiǎo de.
白小红：它[2] 耳朵[3] 小小 的。

Mǎ Lì: Yǎnjing dàdà de.
马　力：眼睛[4] 大大的。

Bái Xiǎohóng: Wěiba duǎnduǎn de.
白小红：尾巴[5] 短[6] 短的。

Mǎ Lì: Shēntǐ pàngpàng de.
马　力：身体[7] 胖[8] 胖的。

Bái Xiǎohóng: Měi tiān zǒu lái zǒu qù, pá shàng pá xià.
白小红：每天[9] 走来走去，爬[10] 上爬下。

Mǎ Lì: Báitiān shuì lǎn jiào, wǎnshang kāi yèchē.
马　力：白天睡懒觉[11]，晚上 开夜车[12]。

Bái Xiǎohóng: Tā xǐhuan chī zhúzi.
白小红：它喜欢吃竹子[13]。

Mǎ Lì: Tā yí dùn néng chī sān gè hànbǎobāo.
马　力：他一顿[14] 能吃三个 汉堡包[15]。

Bái Xiǎohóng: Tā shēnghuó zài Zhōngguó Sìchuān Shěng.
白小红：它生活[16] 在中国 四川 省[17]。

Mǎ Lì: Tā měi tiān gēn wǒmen zài yìqǐ.
马　力：他每天 跟我们在一起。

Bái Xiǎohóng: Nǐ shuō de shì Zhōngguó de dà xióngmāo?
白小红：你说的是 中国 的大 熊猫?

Mǎ Lì: Bù, wǒ shuō de shì wǒmen de yí wèi tóngxué, wǒmen dōu jiào tā "xióngmāo".
马　力：不，我说的是我们的一位同学，我们都叫他"熊猫"。

Zài Hūnlǐ Shang

在婚礼上

At the Wedding

词语 Cíyǔ Words and Phrases

1.	教堂	(N.)	jiàotáng	church
2.	举行	(V.)	jǔxíng	to hold, carry out
3.	婚礼	(N.)	hūnlǐ	wedding
4.	入乡随俗		rùxiāng-suísú	When in Rome, do as the Romans do.
5.	新娘	(N.)	xīnniáng	bride
6.	毕业	(V.)	bìyè	to graduate
7.	新郎	(N.)	xīnláng	bridegroom
8.	同事	(N.)	tóngshì	colleague
9.	俩		liǎ	two
10.	谈恋爱		tán liàn'ài	to be in love (courting)
11.	成	(V.)	chéng	to succeed
12.	同意	(V.)	tóngyì	to agree
13.	怕	(V.)	pà	to be afraid of
14.	过不惯		guò-bu-guàn	cannot get used to
15.	原因	(N.)	yuányīn	reason
16.	虎	(N.)	hǔ	tiger
17.	吵架	(V.O.)	chǎo jià	to argue, quarrel
18.	岂有此理		qǐyǒucǐlǐ	it's outrageous
19.	后来	(T.W.)	hòulái	later
20.	脾气	(N.)	píqi	temper
21.	认真	(Adj.)	rènzhēn	serious

22.	感情	(N.)	gǎnqíng	feelings
23.	确实	(Adj.)	quèshí	true, real, indeed
24.	反对	(V.)	fǎnduì	to oppose, be against
25.	醉	(V.)	zuì	to be drunk
26.	交杯酒	(N.)	jiāobēijiǔ	the nuptial cup of wine

课文 Kèwén Text

One year later, Ma Li works in a joint-venture company. Another half year passes, and he becomes engaged to marry his colleague, Li Xiaoyu, a Chinese girl. Jack, Bai Xiaohong, and Jiang Shan have flown all the way from the other side of the ocean to attend their wedding. Ma Li's classmates from the Chinese class and his Chinese friends have also come.

Jiāng Shān: Tāmen zěnme méi qù jiàotáng jǔxíng hūnlǐ?
江 山：他们怎么没去教堂[1]举行[2]婚礼[3]？

Jīn Róngnán: Rùxiāng-suísú ma.
金容南：入乡随俗[4]嘛。

Lǐqí: Xīnniáng tǐng piàoliang de. Nǐ rènshi ma?
里 奇：新娘[5]挺漂亮的。你认识吗？

Gāo Yīfēi: Rènshi, jiànguo jǐ cì miàn. Tā xìng Lǐ, yě shì wǒmen xuéxiào bìyè de.
高一飞：认识，见过几次面。她姓李，也是我们学校毕业[6]的。

Lǐqí: Shì ma? Wǒ yìdiǎnr yě bù zhīdào.
里 奇：是吗？我一点儿也不知道。

Bái Xiǎohóng: Tīngshuō xīnláng, xīnniáng shì tóngshì?
白小红：听说新郎[7]、新娘是同事[8]？

Tiánzhōng: Duì, tāmen liǎ zài tóng yí ge gōngsī gōngzuò, tán liàn'ài tánle yì nián duō le.
田 中：对，他们俩[9]在同一个公司工作，谈恋爱[10]谈了一年多了。

Bái Xiǎohóng: Tīngshuō zuìhòu chàdiǎnr méi tán-chéng?
白小红：听说最后差点儿没谈成[11]？

Tiánzhōng: Shì a. Xiǎo Lǐ de mǔqin tīngshuō le zhè jiàn shì yǐhòu, bú tài tóngyì.
田 中：是啊。小李的母亲听说了这件事以后，不太同意[12]。

Zhāng Yuányuan:Wèi shénme?
张园园：为什么？

Jiāng Shān: Nà hái yòng shuō? Bǎ nǚ'ér jiāo-gěi yí ge "lǎo wài", néng fàngxīn ma?
江　山：那还用说？把女儿交给一个"老外"，能放心吗？

Zhāng Yuányuan: Yǒu shénme bú fàngxīn de?
张园园：有什么不放心的？

Tiánzhōng: Shì yǒudiǎnr bú fàngxīn. Pà Xiǎo Lǐ gēn yí ge wàiguórén zài yìqǐ guò-bu-guàn.
田　中：是有点不放心。怕[13]小李跟一个外国人在一起过不惯[14]。

Zhāng Yuányuan: Yǐjīng tánle yì nián duō le, hái huì yǒu shénme wèntí?
张园园：已经谈了一年多了，还会有什么问题？

Tiánzhōng: Hái yǒu yí ge yuányīn, Xiǎo Lǐ bǐ tā dà liǎng suì.
田　中：还有一个原因[15]，小李比他大两岁。

Wáng Yīng: Dà liǎng suì yǒu shénme guānxi?
王　英：大两岁有什么关系？

Tiánzhōng: Nǐ zhīdao ma? Xiǎo Lǐ shǔ hǔ, Mǎ Lì shǔ lóng.
田　中：你知道吗？小李属虎[16]，马力属龙。

Wáng Yīng: Wǒ háishi bù míngbai.
王　英：我还是不明白。

Tiánzhōng: Nǐ xuéle zhème cháng shíjiān de Hànyǔ le, lián zhè yě bù dǒng?
田　中：你学了这么长时间的汉语了，连这也不懂？

Wáng Yīng: Lǎoshī méi jiāoguo.
王　英：老师没教过。

Tiánzhōng: Lǎorén shuō, yàoshi yí ge shǔ hǔ, yí ge shǔ lóng, yǐhòu huì chǎo jià de.
田　中：老人说，要是一个属虎，一个属龙，以后会吵架[17]的。

Jiékè: Qǐyǒucǐlǐ! Nà hòulái ne?
杰　克：岂有此理[18]！那后来[19]呢？

Tiánzhōng: Jiànle jǐ cì miàn yǐhòu, tāmen fāxiàn, Mǎ Lì Hànyǔ shuō de hěn liúlì, píqi yě hěn hǎo, zuò shì yě fēicháng rènzhēn, Mǎ Lì gēn Xiǎo Lǐ de gǎnqíng yě quèshí fēicháng hǎo.
田　中：见了几次面以后，他们发现，马力汉语说得很流利，脾气[20]也很好，做事也非常认真[21]，马力跟小李的感情[22]也确实[23]非常好。

Suǒyǐ, tā mǔqin jiù bù fǎnduì le.
所以，她母亲就不反对[24]了。

……

Jīn Róngnán: Kàn, xīnláng, xīnniáng zǒu-guòlai le.
金容南：看，新郎、新娘走过来了。

Jiāng Shān: Mǎ Lì, jīntiān děi duō hē jǐ bēi ya.
江 山：马力，今天得多喝几杯呀。

Mǎ Lì: Bù xíng, wǒ hē-bu-xià le, wǒ jiù yào hē-zuì le.
马 力：不行，我喝不下了，我就要喝醉[25]了。

Gāo Yīfēi: Nǐmen liǎ hái méi hē jiāobēijiǔ ne!
高一飞：你们俩还没喝交杯酒[26]呢！

Mǎ Lì: Hǎo ba, zuìhòu yì bēi. Lái, wǒmen yìqǐ gānbēi!
马 力：好吧，最后一杯。来，我们一起干杯！

Gāo Yīfēi: Bù xíng, bù xíng. Zhè shì jiāobēijiǔ, nǐ zhǐ néng gēn xīnniáng hē.
高一飞：不行，不行。这是交杯酒，你只能跟新娘喝。

Mǎ Lì: Shì ma?
马 力：是吗？

Gāo Yīfēi: Xiǎoyǔ zhīdao zěnme hē, ràng tā jiāo nǐ ba.
高一飞：小雨知道怎么喝，让她教你吧。

Cultural notes

There are three major forms of wedding ceremony found around the world: the ritual wedding, the religious wedding, and the civil wedding. The ancient Chinese practised a very complicated ritual wedding. Today the marriage customs are much simpler. The main thing is applying to the local authorities for a marriage permit. After the marriage permit is issued, people will then generally distribute "happy candies" (xǐtáng) to relatives, friends, and colleagues; then there is a wedding ceremony.

There are three kinds of modern wedding ceremonies:

(1) The wedding banquet (xǐyàn): relatives, friends, and others are invited for dinner and wedding toasts. A simple ceremony is performed during the banquet.

(2) The travel wedding (lǚxíng jiéhūn): the bride and groom go off on a trip together, and when they return, they are considered to be married. Some will have a simple ceremony before they leave on the trip.

(3) The group wedding (jítǐ jiéhūn): this kind of wedding is organized by institutions or public groups. Several pairs, or dozens of pairs of brides and grooms all take part in one wedding ceremony together.

词语索引 Index of Vocabulary

The number after the word represents the ordinal number of the text.

525. 岁 /3
526. 所以 /9
527. 他 /1
528. 她 /1
529. 它 /19
530. 台 /17
531. 太 /5
532. 太……了 !/5
533. 太极拳 /18
534. 太太 /3
535. 谈话 /15
536. 汤 /5
537. 糖 /5
538. 糖醋鱼 /5
539. 套 /17
540. 特别 /12
541. 疼 /10
542. 天 / 日 /10
543. 天气 /13
544. 条 /5
545. 跳舞 /12
546. 跳 /12
547. 听 /13
548. 听力 /15
549. 听说 /9
550. 听写 /15
551. 挺 /18
552. 通 /16
553. 同学 /1
554. 偷 /20
555. 头发 /7
556. 透 /20
557. 图书馆 /11
558. 推迟 /16
559. 外国 /15
560. 外贸 /16
561. 外面（外边）/8
562. 外事 /12
563. 完 /10
564. 玩儿 /4
565. 晚 /12
566. 晚饭 /14
567. 晚上 /6
568. 万 /3
569. 往 /8
570. 忘 /15
571. 为 /3
572. 为什么 /3
573. 卫生间 /17
574. 位 /6
575. 味道 /20
576. 温度 /13
577. 文化 /11
578. 问 /4
579. 问题 /12
580. 我 /1
581. 我的 /2
582. 我们的 /2
583. 污染 /20
584. 午饭 /20
585. 武打 /18
586. 武打戏 /18
587. 舞 /12
588. 西边（西面）/14
589. 西部 /14
590. 洗衣机 /17
591. 喜欢 /2
592. 戏 /18
593. 系 /2
594. 下 /7
595. 下车 /8
596. 下课 /11
597. 下面（下边）/8
598. 下午 /6
599. 下旬 /7
600. 下雨 /13
601. 夏天 /13
602. 先 /11
603. 先生 /5
604. 现在 /6
605. 想 /3
606. 小 /2
607. 小吃 /20
608. 小姐 /5
609. 小时 /14
610. 小心 /20
611. 些 /9
612. 写 /11
613. 写作 /15
614. 谢谢 /2
615. 新 /11
616. 新鲜 /10
617. 信 /20
618. 兴趣 /11
619. 星期 /6
620. 星期六 /6
621. 行 /4
622. 行人 /8
623. 姓 /1
624. 休息 /6
625. 修 /16
626. 需要 /14
627. 学生 /3
628. 学习 /2
629. 学校 /3
630. 学院 /2
631. 雪 /13
632. 押金 /17

语法项目索引
Index of Grammatical Items

责任编辑：杨　晗
英文编辑：韩芙芸
封面设计：思创文化
插　　图：笑　龙
印刷监制：佟汉冬

图书在版编目(CIP)数据

《当代中文》课本：英语版／吴中伟主编. —北京：华语教学出版社，2009
ISBN 978-7-80200-690-4

Ⅰ. 当…　Ⅱ. 吴…　Ⅲ. 汉语—对外汉语教学—教材　Ⅳ. H195.4

中国版本图书馆 CIP 数据核字(2009)第200598号

国家汉办网址：www.hanban.org

《当代中文》
课本
主编　吴中伟
*

华语教学出版社出版
（中国北京百万庄大街24号　邮政编码 100037）
电话：（86）10-68320585
传真：（86）10-68326333
网址：www.sinolingua.com.cn
电子信箱：hyjx@sinolingua.com.cn
北京外文印刷厂印刷
2010年（16开）第一版
（英语版）
ISBN 978-7-80200-690-4
定价：89.00元